기도의 ABC

우리에게 꼭 필요한 기도 교과서

기도의 ABC

2013년 7월 10일 교회 인가
2013년 11월 25일 초판 1쇄 펴냄
2023년 8월 4일 초판 8쇄 펴냄

지은이 · 한광석
그린이 · 임의준
펴낸이 · 정순택
펴낸곳 · 가톨릭출판사
편집 겸 인쇄인 · 김대영

본사 · 서울특별시 중구 중림로 27
등록 · 1958. 1. 16. 제2-314호
전자우편 · edit@catholicbook.kr
전화 · 1544-1886(대표 번호)
지로번호 · 3000997

ISBN 978-89-321-1338-8 03230

값 13,000원

ⓒ 한광석, 2013

성경, 교회 문헌 ⓒ 한국천주교중앙협의회

이 책은 저작권법에 의해 보호를 받는 저작물이므로 무단 전재와 무단 복제를 금합니다.

가톨릭의 모든 도서와 성물을 '가톨릭출판사 인터넷쇼핑몰'에서 만나 보실 수 있습니다.
http://www.catholicbook.kr | (02)6365-1888(구입 문의)

기도의 ABC

우리에게 꼭 필요한
기도 교과서

한광석 지음

가톨릭출판사

추천의 글

하느님의 정원에서 산책하다

    수많은 기도문과 기도 모임이 있지만 여전히 기도는 말로 전하고 싶은 내용을 모두 담아낼 수 없는 신비로 남습니다. 기도는 인간의 언어로 표현되지만 또한 인간의 언어를 넘어서는 일이기 때문입니다. 최근에 출판된 기도 관련 도서들을 살펴보면, 심오한 관상기도를 다루거나 기도의 매뉴얼을 제공하는 책까지 다양하지만, 정작 중요한 내용이 빠졌거나 일반 신자들이 생활에서 쉽게 실천할 수 없는 거리감이 느껴져 안타깝습니다.

    세례성사를 통하여 가톨릭 신앙인이 된 것은 마치 신비로운 정원의 입구에 들어선 것과 마찬가지입니다. 일상의 작은 꽃부터 관상의 깊은 골짜기까지 정원 내부는 신비로 가득 차 있습니다. 정원을 둘러보며 신비를 체험하는 것, 이것이 기도입니다. 이때 정원의 이곳저곳으로 안내해 주는 지도가 필요한데, 그 지도가 바로 기도에 관한 안내서입니다.

올바른 기도는 무엇을 어떻게 믿는지와 깊은 관련이 있습니다. 하느님이 마술 지팡이라고 믿는 사람은 끊임없이 이것저것을 요구할 것입니다. 하느님과 교회 전통에 관한 올바른 이해가 있을 때, 헛디디거나 넘어지지 않고, 한 걸음 한 걸음 깊은 신비를 향해 걸어갈 수 있습니다. 그것을 돕는 것이 올바른 기도 안내서의 역할이지요.

한광석 신부님의 기도 안내서인 《기도의 ABC》는 신비의 정원으로 안내해 주는 지도의 역할을 훌륭히 해내는 책입니다. 우리가 믿는 하느님을 되돌아보고, 하느님 앞에서 어떤 모습으로 어떤 기도를 해야 하는지 친절하고 세심하게 알려 줍니다. 마치 걸음마를 시작하는 아이를 옆에서 지켜보는 어머니의 마음으로, 기도하는 방법에서부터 심오한 관상기도까지 쉽게 안내하며 여러분에게 다가갑니다.

여러 수도회의 관상기도를 간략하게 소개하거나 자신의 성향에 알맞은 기도를 소개하는 신부님의 배려는 가톨릭 신자들이 교회 안에서 무엇을 힘들어하는지 정확히 몰랐다면 불가능했을 것입니다. 하와이에서 한광석 신부님이 겪은 사목 경험이 그대로 담겨 있는 이 책을, 영세는 했지만 무엇을 어떻게 믿고 어떻게 기도해야 할지 모르는 분들과, 뚜렷한 방향 없이 기도 모임 이곳저곳을 배회하고 여러 기도문을 오가다 갈증만 심해진 분들에게 권합니다.

기도는 하느님의 활동을 자연과 일상에서 느끼는 감각의 훈련이자, 나의 깊은 곳까지 들어와 나를 끌고 올라가는 성령에게 모든 것을 내맡기는 비움의 훈련입니다. 기도가 혀에서만 맴도는 기계적인 소리의 반복이 되고 있지는 않은지, 하느님에게 무엇인가를 더 달라는 칭얼거림에 머물러 있지는 않은지, 신비 체험에 관한 욕심에 사로잡혀 정신과 건강, 그리고 신앙을 해치는 기도를 하고 있지는 않은지 자신의 기도를 돌아봅시다. 한광석 신부님의 책을 펼치고 신비 정원의 이곳저곳을 지치지 않고 정진하여 궁극적인 신비의 세계에 다다르시기를 기원합니다.

2013년 10월 4일 아시시의 프란치스코 성인 축일에

천주교 대전교구장 주교

유흥식 라자로

+ 유 라자로

책을 출판하며

기도의 출발점이 되는 책

미국 하와이 주의 호놀룰루에서 혼자 산을 오르다가 문득 고개를 들어 보니, 발 앞에는 기암절벽이 있고 옥빛 바다 위에는 붉은 낙조가 펼쳐져 있었다. 이따금씩 거친 숨소리를 뱉어 내는 파도, 상쾌한 바람, 한가로이 날아가는 이름 모를 새, 문득 나타난 무지개까지, 자연스레 어우러져 협주곡을 만들어 내는 대자연 안에서, 나는 나도 모르게 어느새 찬미의 기도를 드리고 있었다. 하느님이 창조하신 세상의 아름다움에 비추어 나를 돌아보니, 그날 내 마음을 상하게 만든 누군가에 대한 미움도 눈 녹듯이 사라졌다. 한국에 돌아와서도 이따금씩 눈을 감고 그때로 돌아가는 시간 여행을 해 본다. 충만한 기쁨과 미소를 안고.

호놀룰루 공동체와 이웃 섬의 공소들을 방문하는 동안, 고단하고 치열하게 살아가는 이민자들의 삶에 비치는 한 줄기 빛을 보았다. 오지의 척박한 들판에서 피어나는 야생화처럼 하느님이 뿌려 놓으신 씨앗과 열매를 보니, 어디에서나 살아 계신 그분을 체험할 수 있었다. 또한 섬에 일상적으로 나타나는 무지개처럼 우리와 함께 계신 하느님을 확신할 수 있었다.

그러나 태평양 한가운데 위치한 섬에서 감내해야 하는 현실적 어려움도 많았다. 거의 모든 물자를 육지에서 공급받아야 하는 경제적인 어려움과 불편은 물론이고, 신앙인에게 필요한 체계적인 교육을 받을 수 없는 소외감도 컸다. 그런 와중에도 신자분들이 내게 자주 묻던, "기도를 어떻게 해야 하나요?"라는 질문이 늘 마음에 남아 있었다. 예비 신자 교리나 견진 교리, 그리고 강론을 통하여서도 기도에 대해 단편적으로 이야기할 기회가 있었지만, 좀 더 많은 이야기를 할 기회가 없어서 아쉬웠다.

한국에 돌아온 후에도 어려움 속에서 꿋꿋이 신앙생활을 하는 해외에 있는 형제자매들이 자꾸 눈에 밟혔다. 그런데 그들의 열심에 비해 신앙생활에 관련된 도서와 자료가 부족해서 늘 신앙에 목마름이 있다는 것을 알게 되었다. 그렇기에 신앙의 기본이자 완성인 기도에 관한 책을 정리해 보자고 생각하게 되었다. 물론 기도에 관한 좋은 책이나 전문적인 책이 많기는 하지만, 기도의 기본을 이야기하는 책을 먼저 읽고, 기도에 관한 다른 책을 읽는다면 더 좋을 것이라는 판단에서였다. 그래서 책의 제목을 망설임 없이 《기도의 ABC》라고 정했다.

하와이 해변가에서 쉽게 볼 수 있는 'ABC 스토어'의 물품들이 그러하듯, 가톨릭교회 신자라면 알아야 할 기도의 기본적인 내용을 이 책에 담으려 노력했다. 따라서 이 책은 기도에 관한 깊은 신학적 성찰을 목적으로 하지 않는다. 그저 힘든 일상에서 하느님을 마음에 담고 생활하려는 신자들을 위해 '그리스도교 신자로서 기도한다'는 주제의 의미를 되새기면서 집필했다.

책의 구성과 내용

A장에서는 기도가 무엇이고 왜 해야 하며 누구에게 해야 하는지 등 기도의 목적을 이야기한다. 기도는 결국 하느님에

대한 이야기다. 우리가 이미 알고 있듯이 기도는 하느님에게 하는 것이지만, 성부·성자·성령을 구분할 수 있어야 제대로 된 기도를 할 수 있다. 그리고 교회 공동체를 빼놓고는 그리스도교의 기도를 언급할 수 없기에, 하느님과 교회의 관련성을 언급하며 기도에 대해 생각해 보고자 한다.

B장에서는 다양한 종류의 기도를 다룬다. 기도는 살아 움직이는 힘이 있어서, 같은 기도문도 기도를 드릴 때마다 다르게 바칠 수 있다. 또한 하루 동안 규칙적으로 드려야 할 정해진 기도도 있고, 각각의 상황에 맞게 다르게 드려야 할 기도도 있다. 다양한 종류의 기도를 아는 것은 더 풍요롭고 힘이 있는 기도를 하는 길이다. 나아가 깊이 있는 기도에 대해서도 알아볼 것이다. 여기에서는 '기도의 꽃'이라 할 수 있는 '관상기도'를 다른 기도보다 더 자세히 언급할 것인데, 관상기도는 쉽게 설명하고 쉽게 이해할 수 있는 기도가 아니다. 그래서 많은 신자들이 이 기도를 어렵게 생각할 수도 있지만, 이 책은 좀 더 성숙한 기도로 나아가길 원하는 신자들을 위한 것이기에 자신이 기도의 초보자라고 생각하는 분들은 "이런 기도도 있구나!"라는 정도로만 생각해도 좋겠다.

C장은 실제로 기도하는 방법을 알려 주는 부분이라고 할 수 있다. 여기에서는 기도하기 위한 내적인 준비와 외적인 준비를 차근차근 설명한다. 기도는 머리로만 아는 것이 아니라, 실제로 사는 것이다. 이런 안내를 통하여 실제로 기도하며 좀 더 성숙한 신앙인으로 살아가 보자.

위에서 보듯이 이 책 《기도의 ABC》에는 기도에 대한 가장 기초적인 내용이 담겨 있다. 건물이나 다른 모든 학문에서도 기초가 튼튼해야 한다. 이 책의 제목에 ABC가 있는 것은 바로 그러한 기초를 의미한다. 이 책으로 기도의 기초를 단단하게 다지길 바란다. 그렇게 기초를 다지면 '기도'라는 건물을 튼실하게 지을 수 있을 것이다. 이 책을 출발점으로 삼아 기도에 대한 많은 책을 만나고, 기도가 독자들의 삶의 중심이 되길 바라는 마음이다.

개신교의 영향을 받아서인지 성공과 응답, 또는 축복과 치유라는 대세를 따라가며 신자들의 요구에 부응하는 많은 기도와 영성 서적들이 나오고 있다. 반면, 수도원적인 가톨릭 기도와 영성은 마치 수도자들이나 일부 특별한 사람들의 전

유물처럼 여겨져, 일반 신자들에게 다가가지 못하고 현실과 따로 떨어져 있다. 오히려 개신교에서 가톨릭의 기도와 영성을 더 많이 언급하고 있는 현실이다.

'유행'과 '전통' 사이에서, 기도가 무엇이고 어떻게 기도해야 할지에 대한 방향과 중심을 잡기 힘든 신자들에게 전체적인 맥락을 짚어 줄 책이 필요하다고 느꼈다. 그래서 신학의 기본에 충실하면서도 신자들이 최근에 대두되는 현상과 교회 안의 전통을 동시에 이해할 수 있도록 설명하려고 노력했다. 이 책을 통하여 신자들이 기도에 대한 기본적인 정보를 얻을 뿐만 아니라 자신의 상황에 맞는 기도를 직접 해 보며 기도에 맛 들일 수 있게 되기를 바란다.

부디 이 책이 어려움 속에서도 신앙의 끈을 놓지 않고 살아가는 많은 해외의 신자들과 기도가 익숙하지 않은 형제자매들에게 작게나마 위로의 선물이자, 등불이 되길 희망해 본다.

그리고 추천의 글로 격려해 주신 유흥식 라자로 주교님, 소중한 그림으로 속을 든든히 채워 주신 임의준 프란치스코 신부님, 애써 주신 가톨릭출판사 식구들, 기도해 주시는 은인과 가족에게 마음 깊이 감사드린다.

차례

●

추천의 글, 하느님의 정원에서 산책하다 … 4
책을 출판하며, 기도의 출발점이 되는 책 … 8

🅐 기도란 무엇인가?

a. 하느님은 어떤 분이신가? … 26
    성부 하느님 … 31
    성자 하느님 … 33
    성령 하느님 … 36
    친교이신 하느님 … 40

b. 기도란 무엇인가? … 42
    기도는 단순한 요구가 아니다 … 45
    기도는 정신 수련이 아니다 … 48
    기도는 사랑의 초대에 대한 응답이다 … 50

c. 참된 기도를 식별하는 법은? … 52
    감사하는 마음으로 청하는가? … 53
    사랑하는가? … 53
    교회에 머무르는가? … 54

B 어떤 기도가 있는가?

a. 기도의 종류　　　　　　　　　　　　　　　　　　　65

ⓐ 주제에 따라
감사기도	65
찬미와 흠숭	67
참회기도	69
청원기도	71
서원기도	73
통곡기도	74
전구기도	76
맞섬기도	78
축복기도	80
양심성찰	82

ⓑ 형식에 따라
개인기도	84
보편지향기도	86
단식기도	88
시간기도	90
새벽기도	92
철야기도	93
침묵기도	94
방언기도	97
예수기도	99
화살기도	101
성체 조배	103
삼종기도	105
묵주기도	107
십자가의 길	110

ⓒ 특별한 기도
관상기도	113

b. 관상기도　　　　　　　　　　　　　　　　　　　116
　그리스도인의 보편적 성소인 관상　　　　　　　117
　초기 수도회 전통인 관상　　　　　　　　　　　119
　여러 수도회의 관상　　　　　　　　　　　　　120
　　베네딕도회　　　　　　　　　　　　　　　　121
　　프란치스코회　　　　　　　　　　　　　　　124
　　예수회　　　　　　　　　　　　　　　　　　127
　　트라피스트회　　　　　　　　　　　　　　　129
　관상기도의 열매　　　　　　　　　　　　　　　132

 **어떻게 기도할 것인가?**

a. 기도의 준비 — 151
　기도의 시간 — 153
　기도의 장소 — 154
　기도의 자세 — 155
　기도에 할애하는 시간 — 157
　기도를 위한 내적 준비 — 158

b. 주님의 기도 — 159

c. 성향과 상황에 맞는 기도 — 165
　성향과 기도 — 167
　오감으로 현실을 인식하는 성향을 가진 이들 — 168
　이성적이고 추상적 논리를 추구하는 이들 — 169
　여러 상황에 맞는 기도의 예 — 182

감사기도 182	양심 성찰 200	용서하는 마음을
찬미와 흠숭 I 184	식사기도 202	청하는 기도 215
찬미와 흠숭 II 185	일상기도 204	자연 안에서의
참회기도 186	시간기도 205	찬미 216
회개기도 188	아침기도 206	묵상기도 217
청원기도 190	저녁기도 207	사랑의 기도 I 218
서약기도 192	침묵기도 209	사랑의 기도 II 219
통곡기도 194	자녀를 위한 기도 212	부르심의 기도 220
전구기도 195	근로자의 기도 213	
맞섬기도 197		
축복기도 199		

나오는 글, 한계를 넓히는 기도	**229**
문을 닫으며, 기도에 맛 들이는 삶	**235**

 **부록**

함께 읽으면 좋은 책	**243**
주석	**247**

기도란 무엇인가?

기대와 두려움

 기도란 무엇인가?

주님,
점심으로 짜장면을 먹었습니다.
궁극적으로는 주님이 주신 거지만
현실적으로는 북안면 입구에 있는 손짜장 집 주방장이
4,000원을 받고 만들어 준 거였습니다.
내 앞에 놓인 짜장면이 신비로워
젓가락을 쉽게 대기 힘들었습니다.

국수가 된 밀가루,
밀가루가 된 밀,

밀이 된 밀 이삭,
밀 이삭이 된 밀알,
감자와 돼지고기와 짜장,
요정처럼 그 사이를 헤집고
모든 걸 가능하게 한 어떤 메커니즘, 또는 능력.

주님, 원하지 않는 사람은 어쩔 수 없으나
원하는 사람은 누구나 짜장면을 먹지 못하는 일이
부디 일어나지 않기를 바랍니다.
대한민국에는 짜장면을 좋아하는 사람도 많지만
짜장면을 배달하는 사람도 많습니다.
그들의 수고가 많은 이들에게 먹는 즐거움과
생명을 살리는 손길이 되기를 원합니다.
오토바이를 타고 다닐 때도
사고가 나지 않도록 붙들어 주십시오.
지금 한국에 태어나셨다면 짜장면을 좋아하셨을
예수 그리스도의 이름으로 기도드립니다. 아멘.

― 정용섭, 〈짜장면을 먹게 해 주셔서 감사합니다〉

짜장면을 먹으면서도 이렇게 멋들어진 기도를 드릴 수 있다니! 언제, 어디서든 마음만 먹으면 할 수 있는 것이 기도라지만, 마음먹은 대로 가장 되지 않는 일도 기도다. 오랜 시간 동안 사제 기도문 이외의 기도를 드릴 때면 걱정이 앞섰다. 그때마다 그동안 기도를 열심히 하지 않은 자신을 되돌아보면서 신앙인으로서 기도를 열심히 하며 살아가는 많은 사람들에게 존경심을 갖게 된다. 더욱이 인격에서 아름다운 향기가 은은하게 배어 나오는 분을 만나면 절로 고개가 숙여진다.

그런데 가끔, 소위 '기도와 신앙생활을 열심히 한다'는 사람에게서 심한 독선과 아집을 볼 때가 있다. 때로는 그것이 공동체에 많은 피해와 상처를 주거나, 분열을 일으키기도 한다. 기도를 얼만큼 많이 하고 있다든지, 오랫동안 신앙생활을 해 왔다든지 하며 던지는 독선적인 말과 행동을 보며 '기도란 무엇일까?'에 대해 다시 생각해 보기도 한다.

많은 신자들이 나에게 "신부님, 기도를 어떻게 해야 하나요?"라고 묻는다. 이럴 때 대부분의 경우에는 미소를 보이고 다른 주제로 대화를 옮긴다. 간단한 질문이 아니기 때문이다.

이 책 한 권으로 설명해도 답이 부족한 질문이어서 자연스럽게 질문을 피하게 된다.

"기도를 어떻게 해야 하는가?"라는 질문이 궁금하다면 잠시 생각해 보자. 이 질문은 "사업이 성공하려면 어떻게 해야 하나요?" 또는 "어떻게 하면 행복해지나요?"라는 질문과 다를 바가 없다. 사업이 성공하거나 행복이 커지는 방법을 찾는 질문은 결과에 중점을 둔다. 반드시 응답받는 기도를 하는 방법을 찾는다면 앞서 말한 '기도는 무엇인지, 기도는 어떻게 해야 하는지' 하는 질문에 대해 생각하며 기도를 해야 한다.

만약, 기도가 단순히 소원을 성취하기 위해 하느님에게 간곡히 부탁드리는 것이라면, "삼위일체의 하느님, 제 전생의 업業을 용서해 주시고 액운을 쫓아 부귀영화를 누리며 살다가 죽은 후에 해탈에 이르게 도와주소서."라고 기도해도 아무런 문제가 없다. 코미디 영화에서 주인공이 위험에 빠지면 "하느님, 부처님, 예수님, 조상님, 시키는 일은 모두 할 테니 제발 목숨만 살려 주세요."라고 기도하지만, 이는 웃기기 위한 대사일 뿐이다. 가톨릭 신자도, 불교 신자도 이런 기도를 드리지 않는다. 왜 그럴까?

우리는 "성부와 성자와 성령의 이름으로 아멘." 하고 기도를 시작한다. "우리의 하느님은 삼위일체의 하느님이시다."라는 점을 되새길 때 하느님이 세상을 어떻게 만드셨는지, 예수님과 나는 어떤 관계에 있는지도 함께 확인하게 된다. 이처럼 기도에는 세상의 시작과 끝을 어떻게 바라보는지와 나는 누구인가 하는 정체성, 그리고 생활의 일상적인 일들을 어떻게 받아들이는지가 담겨 있다. 그래서 죽은 이후에 해탈에 이르도록 하느님에게 부탁드리는 것은 번지수가 잘못된 우편물을 보내는 것과 같다. 혹시 가톨릭 신자로서 힘든 일이 생길 때 "내가 전생에 무엇을 잘못해서 이런 일이 나에게 생기나?"라고 묻는 사람이 있다면 잠깐만 시간을 내어서 무엇이 문제인지 되돌아보자.

신앙을 가진다는 것은, 그리고 그 신앙 안에서 기도한다는 것은 위험에 대비하여 보험을 드는 것이 아니라 모든 순간의 의미를 신앙의 틀에서 바라보는 것과 같다. 기도에는 우리가 믿는 신앙의 내용이 응집되어 있어서, 기도의 내용은 기도를 드리는 사람의 정체성과 세계관을 담고 있다. 우리는 신자로서 우리를 신앙으로 초대하시고 기도를 들어주시는 하느님에게 기도한다.

이제 '기도를 어떻게 해야 하나요?'에 대한 답을 찾는 길과 순서가 분명해진다. 어떻게 기도를 해야 하는지를 알기 위해서는 가톨릭 신자에게 기도란 무엇인지를 물어야 하며, 그에 대한 답을 알기 위해서는 우리가 믿는 하느님은 어떤 분이신지에 대한 답을 알아야 한다. 갑자기 어려운 질문이 되었다고 두려워하지 말고 차분하게 하나씩 풀어가면서 기도하는 방법을 알아보자.

a. 하느님은 어떤 분이신가?

지금 그리스도교 신자로서 기도에 관심을 갖고 이 책을 읽는 독자라면 이미 세례성사를 통하여 신앙을 고백했을 것이다. 그러니 잠시 책을 덮어 두고 어떤 계기로 그리스도교에 입문했으며, 어떤 마음으로 세례성사에 임했고, 그 첫 경험의 순간을 어떻게 맞이했는지를 돌이켜 보자. 그리고 스스로에게 물어보자. '내가 기도를 드리는 하느님은 과연 어떤 분이신가?' 이를 생각해 보기 위해 신자들과 대화하며 듣게 된 몇 가지 사례를 소개해 보고자 한다.

사례 1

자녀의 대학 입시를 앞두고 '100일 기도'에 다니던 한 자매가 하루는 실수로 기도문을 갖고 오지 않았다. 그런데 기도 중에 누군가가 기도문을 같이 보자고 권하기는커녕 기도문을 가리고 자기들끼리만 보면서 기도하더란다. 그다음 날에는 기도문을 챙겨 들고 갔는데, 옆에 있던 누군가가 기도문을 같이 보자고 청했다. 그런데 이 자매도 전날 다른 자매들이 그랬던 것처럼 그 청을 못 들은 척하며 기도하고 나왔는데, 마음이 편치 않았다는 것이다. 나중에 이 이야기를 성당 모임에서 나눴는데, 어떤 자매가 "시험은 다 같이 잘 보는 것이 불가능한 '제로섬 게임zero-sum game'이니까 마음 쓰지 마세요."라고 위로해 주더란다. 아울러 '수험생을 위한 기도'는 내 아이가 다른 아이보다 시험을 잘 보아서 경쟁자를 물리치고 합격하기를 바라는 것인데, 어떻게 모두가 다 시험을 잘 볼 수 있느냐며 자신의 논리를 정당화하더란다. 이 자매는 마음이 더 복잡해졌다.

사례 2

어떤 교우가 우연히 서울의 한 버스 안에 부착된 광고를 보았다. 어느 유명한 무속인이 대학 입시의 합격을 기원해 주는데, 만약 불합격하면 비용을 전액 환불해 준다는 내용이었다. 기도 능력이 용하다고 소문이 자자하다는 홍보 문구도 적혀 있었다. 자매는 무속인이 정말 돈을 돌려줄까도 궁금했지만 거리낌 없이 자신의 기도 능력을 광고하는 용기가 가상했다. 그런데 시간이 흐를수록 자녀에게 도움이 되는 일이라면 무엇이든 해 봐야 하는 게 아닐까 하는 생각으로 혼란스러워졌다.

사례 3

어느 단체에서는 대학생과 그 부모들에게 "구체적으로 미래의 배우자를 위해서 미리 기도하라." 하고 가르치기도 한단다. 그래서 미래의 배우자를 구체적으로 생각해 기준을 정하게 하는데, 외모와 인상은 어떠해야 하고, 키는 얼마 이상이어야 하며, 학벌과 직장과 연봉은 어느 정도여야 하는지, 가정은 어떤 분위기여야 한다는 것을 조목조목 세세하게 정해서 열심히 기도하면 응답받을 수 있다는 것이다.

사례 4

얼마 전, 오랫동안 만나지 못했던 지인을 우연히 만났다. 건강이 좋지 않았던 것으로 기억되는 분이었는데, 다행히 안색이 많이 호전되어 기쁜 마음으로 인사를 나눴다. 이분은 한동안 금식하며 단전 호흡과 기氣 수련을 했더니 건강이 좋아지고, 단전도 묵직해지면서 영적인 힘까지 생겼다고 말했다. 그래서 정기적으로 금식기도와 철야기도는 물론 가까운 명상 센터에 가서 수련과 명상을 한단다.

위의 사례에 등장하는 사람들 모두가 자식의 성공을 위해 또는 건강과 영적능력을 향상시키기 위해 열심히 기도하는 이들이다. 이들은 우리 주변에서 흔히 볼 수 있는 모습이다. 그런데 무언가 잘못된 것 같은 느낌이 강하게 든다. 무엇이 문제일까?

길을 지나가는 사람들에게 기도가 무엇인지 물으면 '신이나 어떤 초자연적인 존재에 의지하여 자신의 소망을 이루려는 기술이나 행동'이라는 사전적 의미를 답하는 사람도 있을 것이다. 어쩌면 이것이 가장 정확한 답변일 수 있다. 실제로,

전 세계에는 비인격적인 우주의 힘에 일치하기 위해 기도나 고행, 또는 수행을 하는 이들도 많다. 그러나 가톨릭 신자라면 "아! 그건 아니지!"라고 생각할 것이다. 가톨릭 신자가 아닌 사람이 말하는 기도와 가톨릭 신자가 말하는 기도는 어느 부분에서 다를까? 뭔가 대답할 수 있을 것 같으면서도 자신 있게 답하기 어려울 것이다.

그 답은 바로 우리가 신앙으로 고백하는 하느님이다. 우리가 가톨릭 신자로서 기도하는 대상, 곧, '내 기도를 들어주실 하느님은 과연 어떤 분이신가?'라는 질문을 정리하면 위 사례들의 문제점과 가톨릭 신자로서 기도한다는 것이 무엇이 다른지를 알게 될 것이다.

지하철에서 흔히 보게 되는 '예수 천당, 불신 지옥'이란 구호가 머리에 강하게 남아서인지 '하느님' 하면, 천당과 지옥에 연관된 이미지를 떠올리는 사람이 많을 것이다. 그런 장소를 저 어딘가에 만들어 놓고, 언젠가 우리를 그곳에 보내실 무서운 할아버지로 말이다. 어쩌면 편리한 스마트폰에 익숙한 사람들은, 무엇이든 알고 있고 문제의 해결 방법까지 알려주는 그야말로 스마트한 무엇을 하느님의 모습으로 생각할 수도 있다. 감정은 없지만 무엇이든 알아서 척척 해 주는 똑똑함의 결정체!

그리스도교에서는 하느님에 대해 어떻게 이야기할까? 그리스도교 신앙의 핵심을 모아 둔 사도 신경에서는 "전능하신 …… 창조주"라고 표현하며, 신학자들은 "선善 그 자체이시고, 모든 지혜의 근원이시며, 사랑 자체이시다."라고 고백하며 최고의 표현으로 그분을 설명한다. 그중에서도 하느님에 대한 최고의 수식어는 '사랑'이다. 하느님은 사랑이시다! 그런데 사랑은 아무리 숨기고 싶어도 겉으로 드러날 수밖에 없다. 사랑에 물든 사람은 그 대상을 만나면 가슴이 설레고 얼굴이 발갛게 되거나 자기도 모르게 엉뚱한 말과 행동을 하게 된다. 그리고 우리도 그러한 사랑의 결실로 탄생했다.

성부 하느님

하느님은 사랑 그 자체이신 분이기에 홀로 고립되어 있지 않고, 넘치는 사랑으로 무無에서 세상과 인간을 비롯한 생명체를 만드셨다. 이는 하느님만이 하실 수 있는 일이다. 사랑의 행위인 창조는 일회적인 일이 아니라, 지금도 시간과 공간 안에서 계속 완성을 향해 진행되고 있다. 하느님의 창조가 빅뱅으로 시작되어 진화라는 과정을 통하여 어떻게 진행되었는지는 과학의 도움으로 알 수 있게 되었다. 즉, 현대 과학에서 말하는 빅뱅big bang을 하느님의 도구로 이해할 수 있다. 여기서 중요한 것은 빅뱅을 있게 한 원초적인 손길이 바로 '인간에 대한 하느님 사랑의 행위'라는 것이다. 이렇게 당신의 넘치는 사랑을 먼저 직접 표현하신 하느님은 생명력이 넘치는 분이시다. 역동적으로 살아 계신 분이기에 가만히 계시기보다 먼저 당신 사랑을 표현하신 것이다. 그 사랑의 완성은 당신의 창조물이 사랑으로 충만해지는 것, 곧 구원이다. 구원에 우리를 초대하신 하느님은 "사람을 창조하시던 날, 하느님과 비슷하게 그를 만드셨다."(창세 5,1) 그래서 우리 인간은 하느님을 닮은 존재가 되었다.

  우리를 사랑하시어 세상을 만들고 구원하신 하느님을 우리는 '아버지'라고 부르며 기도한다. 하느님을 아버지라고 부르는 것은, 하느님과 소통할 수 있고 하느님이 나를 먼저 알아보시고, 나보다 나를 더 잘 아신다는 것을 전제한다. 그래서 기도는 나의 모든 것을 아시며 나를 사랑하시는 존재 앞에서는 것이다.

하느님을 아버지로 고백하는 그리스도교 신앙이 다른 종교와 구별되는 점은, 우리가 믿는 하느님이 초자연적인 기운으로 한정되지 않는 인격적인 분이시라는 점이다. 그리스도교의 기도는, 수행을 통하여 인간의 한계에 도달하거나, 기운을 통하여 치유를 받거나, 정신적 능력의 극대화를 통하여 초능력을 획득하는 수단과 혼동될 수 없다.

성자 하느님

그리스도교는 유대교와 구약 성경을 공유한다. 하지만 두 종교에는 근본적인 차이점이 있다. 즉 그리스도교는 2천여 년 전 우리와 똑같은 모습으로 이 세상에 오시어 가르침을 남기신 '예수님'을 우리의 '그리스도', 즉 구원자이시며 주님이시라고 고백한다. 바로 이 점이 두 종교를 전적으로 다르게 하는 차이점이다. 우리는 예수님의 탄생과 가르침, 죽음과 부활이 하느님의 창조, 구원, 종말론적 완성의 지평에서 전개되었음을 믿는다. 나아가 우리는 그분의 삶과 가르침을 성령의 영감inspiration으로 기록한 책을 성경으로 받아들이고, 그분의 '제자 됨'을 약속했다. 그리스도교의 기도는 이러한 믿음 위에서 성부이시며 성자이신 하느님에게 드리는 것이다.

따라서 예수님의 탄생과 가르침이나, 죽음과 부활의 지평과는 무관하게, 오직 나의 편안함과 성공을 기원하는 기도는 그리스도교적인 기도라고 보기 어렵다. 성경을 묵상하며 예수님의 삶을 기억하고 '제자 됨'을 끊임없이 다짐하는 가운데, 하느님의 나라가 이 땅에 오시기를 기도하는 것이 그리스도교의 기도다.

따라서 우리는 순수한 마음으로 무조건적이며 완전하게 하느님에게 승복해야 한다. 그렇게 하기 위해서 세상을 사랑으로 창조하신 하느님이 예수님을 통하여 구원을 드러내셨고, 당신 자신을 포함한 모든 창조물 안에서 활동하시면서 세상을 구원하신다는 것을 믿어야 한다. 그리고 그분의 구원 의지를 온전히 받아들이고, 자기 뜻대로 이루어 달라고 청하기 전에 하느님의 뜻과 하느님의 나라를 청해야 한다.

이제, 누군가 우리에게 앞서 나왔던 네 가지 사례를 보여 주며 무엇이 문제이며 무엇이 다르냐고 물으면 우리는 답할 수 있다. 우리의 기도는 기 훈련이나 영적 능력을 얻기 위한 노력이 아니라, 우리를 자녀로 초대하신 하느님을 아버지라고 부르며 시작하는 은총의 시간이라고. 그리고 사랑이신 하느님을 느끼고 대가 없이 주시는 선물에 감사하며 그분 앞에 서는 것이 우리 기도의 시작이라고.

또 한 가지 질문이 해결되었다. 신이나 어떤 초자연적인 존재에 의지하여 자신의 소망을 이루려는 기술이나 행동이라는 사전적 의미의 기도가 우리의 기도와 다른 이유가 정리되었다. 우리의 기도는 우리의 소망을 이루려는 기술이나 행동을 말하는 것이라기보다, 예수님이 그러하셨듯이 사랑이신 하느님의 뜻을 기다리는 점에서 사전적 기도와 의미가 다르다. 하느님의 자녀이며 동시에 예수님의 제자로서 초대된 우리의 기도는 "아버지의 이름이 거룩히 빛나시며, 아버지의 나라가 오시며 아버지의 뜻이 하늘에서와 같이 땅에서도 이루어지소서."에서 시작한다. 만약 하느님이 반드시 들어주시는 강력한 기도를 찾는 사람이 있다면 하느님에게 자신이 어떤 기도를 드리는지 종이에 써 보고, 사랑이신 하느님, 그리고 세상을 사랑하시어 나약한 인간의 모습으로 십자가에서 고통받으신 하느님에게 드리는 기도인지 돌아보기를 권한다. 혹시 죽음을 이기고 부활하신 예수님의 능력만을 바라보고 기도했다면, '주님의 기도'를 매우 천천히 드리면서 사랑의 하느님에게 예수님의 제자로서 응답한 순간의 기억을 다시 떠올릴 수 있기를 바란다.

성령 하느님

예수님은 기도에 대해 말씀하실 때, "하늘에 계신 아버지께서야 당신께 청하는 이들에게 성령을 얼마나 더 잘 주시겠느냐?"(루카 11,13)라고 말씀하셨다. 또한 "하느님은 영이시다. 그러므로 그분께 예배를 드리는 이는 영과 진리 안에서 예배를 드려야 한다."(요한 4,24)라고도 말씀하셨다. 원래 '영'은 '바람' 혹은 '숨'을 말한다. 하느님의 영을 바람에 비유한 것은 물질로 오해하지 않게 하려는 것이다. 하느님은 우리에게 영으로 다가오신다. 온 우주에 충만하신 '하느님의 숨'이 바로 성령이다. 우리 사람도 살아 있는 영을 나눠 받은 존재다.[1] 그래서 성령을 통하여 하느님과 사귀고 친교를 나눌 수 있다.

이제 하느님에게 기도를 드리고자 한다면 한 가지만 생각해 보자. 모임에서 상대방을 배려하지 않고 행동하는 사람은 모두가 싫어한다. 이런 사람들은 주로 다른 사람의 말을 듣기보다는 자신의 말만 들어 달라고 강요한다. 사실, 어떤 사람은 모임을 통하여 한 가지라도 얻어 가는데, 단 한 가지도 얻지 못하는 사람이 바로 이런 사람이다. 다른 사람이 이 사람에게 말하지 않아서 얻지 못한 것이라기보다는 다른 사람의 말을 듣지 않기 때문에 얻지 못하는 경우가 많다. 같은 맥락으로 기도에 접근해 보자. 우리가 하느님의 현존을 가까이 경험하지 못하는 이유는 무엇일까? 그리고 하느님에게 기도드리기 위해서 가장 먼저 준비해야 할 일이 무엇일까?

어디에나 바람처럼 계시는 성령이 유독 우리 곁에만 계시지 않아서 우리가 느끼지 못하는 것은 아닐 것이다. 그보다는 우리가 성령의 현존을 느낄 수 있을 만큼 예민하지 않다는 것이 더 옳은 답일 것이다. 먼지가 쌓이거나 깨진 거울이 얼굴을 제대로 비추지 못하듯, 분열된 다음으로는 하느님을 비추기 어렵기 때문이다.[2] 나의 말을 참을 때 다른 사람의 말이 들리는 것처럼, 나의 마음이 깨끗하고 고요하며 조용할 때 친교를 먼저 청하시는 성령을 감지할 수 있을 것이다.

마더 데레사 복녀는 '입의 침묵'으로 시작하여 '눈의 침묵', '몸의 침묵', '생각의 침묵', '마음의 침묵'으로 이어 가면 기도하는 사람의 영혼이 침묵 상태에서 하느님의 현존을 느낄 수 있다고 말했다. 시도해 본 사람이라면 알겠지만, 침묵 훈련은 정말 어려운 것이다. 말하라고 하면 안 나오던 말이, 침묵하라고 하면 하고 싶은 말도 많고, 떠오르는 생각도 많아진다. 또한 아무것도 하지 않고 쉬고 싶을 만큼 힘들 때에도 행동의 침묵은 왜 이렇게 어려운지 당황스러웠던 적이 많다. 침묵하려 노력하다 보면 침묵으로 들어가는 단계가 나의 의지만으로 이루어지는 것이 아님을 깨닫고는 한다. 침묵은 분명히 정적이고 고요한 상태를 말하지만, 그것을 넘어서는 역동적인 고요가 있다는 것을 경험하면서, 계시는 듯 안계시며, 안 계시는 듯 계시는 성령에 민감해진다. 그리고 내가 기도하려고 하고 침묵하려고 노력하지만, 온전히 나 혼자서 해 나가고 있는 것이 아님을 어렴풋이 느끼게 된다.

기도는 영으로 우리에게 다가오시는 그분을 느끼는 것과 닮았다. 러시아의 문호 톨스토이의 말처럼, 하느님을 만나는 것을 바다에 그물을 던지는 것에 비유해 생각하면 이해하기가 쉽다. 그물이 바닷물에 온전히 던져졌을 때 바닷물을 많이 품을 수 있는 것처럼 하느님의 현존 안에 잠겨 있을 때 우리가 하느님 안에 있고 하느님이 우리 안에 계실 수 있다. 그물이 바닷물에서 건져지면 그물 안에 바닷물이 담기지 않는다는 것과 성령은 바닷물이고 기도하는 우리는 그물이라는 것을 이해하면, 하느님의 현존 안에 잠긴다는 말의 의미를 어렴풋이 알게 될 것이다.

기도는 성령의 현존에 온전히 침잠된 상태에서 영혼으로 성령의 활동을 느끼는 은총의 시간이다. 자신을 힘들게 하거나 미워하는 사람을 욕하면서, 장황하게 이것저것을 청하고, 아무 생각 없이 기도문의 내용만 반복하는 것은, 상대방의 말은 듣지 않고 내 말만 하는 것과 같다. 이런 기도 후에 기도를 바쳐도 감동이 별로 없다고 말하면서 보다 강력한 기도문을 찾는다면, 큰 소리로 떠들면서 다른 사람의 말을 듣지 못했다고 불평하는 것과 다르지 않을 것이다.

기도의 출발은 비움과 고요를 청하는 것이다. 많이 청하기보다 많이 비우고 조용해지는 노력을 하는 것이 기도의 첫 훈련일 수 있다. 소원을 말하기보다 침묵 가운데 사랑의 하느님이 나를 온전히 사로잡고, 내게 일어나는 일의 의미를 알게 해 주시며, 내 안에서 친히 기도하시기를 기다리는 시간을 경험하는 것이 진정한 기도이기 때문이다.

친교이신 하느님

삼위三位이신 하느님은 성부·성자·성령 상호 간의 일치와 사랑과 친교와 나눔 안에서 하나가 된다. 성부·성자·성령의 삼위일체이신 하느님은 각각의 역할을 담당하면서 동시에 다른 위격의 활동에도 참여하는 '하나의 친교 공동체'로 존재한다. 이에 초대 교회 공동체도 날마다 성전에 모여 사도들의 가르침을 듣고 기도하는 일에 전념했고, 빵과 음식을 함께 먹으며 친교를 나눴다. '제2차 바티칸 공의회' 또한 성부·성자·성령의 삼위일체이신 하느님의 친교를 따라 사는 것이 교회의 본질임을 말해 주었다.

예수님의 제자들로부터 신앙을 물려받은 가톨릭교회는 성령이 교회를 통하여 활동하심을 믿고 이를 고백한다. 사실 가톨릭 신앙에서 교회의 의미는 대단히 중요하지만 그 의미를 모르는 사람이 많다. 기도와 관련해서 교회의 의미를 아는 것은 성인들과 교회를 통하여 전승된 관상기도의 의미를 이해하는 데 도움이 된다. 간혹 관상기도를 사막 은수자의 개인적 경험에 뿌리를 두는 사적인 전승이라고 비판하는 것을 보게 된다. 그런데 가톨릭 신자로서 이에 대해 정확히 알아 둔다면 이러한 이야기에 흔들리지 않을 것 같아 짧게 소개하려 한다.

가톨릭의 사도신경은 하나이고, '사도로부터 이어져 온 교회와 모든 성인의 통공을 믿는다'라고 고백한다. 우리는 사도의 전통으로부터 계승된 신앙의 내용을 계시啓示로서 받아들인다. 매 순간 교회를 통하여 사랑과 신비이신 하느님이 당신을 직접 보여 주시는 계시가 발현된다는 것과, 성령이 활동하시는 장이 교회임을 믿는 것이다. 물론 '교회를 믿는 것credo Ecclesiam'은 '하느님을 믿는 것credo in Deum'과는 다르고, 이때 교회는 건물이나 체계를 의미하는 것은 아니다. 교회는 성령이 활동하시는 신앙 공동체를 의미한다. 이러한 맥락에서 가톨릭교회는 신앙을 보존하고 발전시키는 여러 수도회와 영성가들의 영적인 체험도 소중한 전통으로 받아들이는 것이다.

b. 기도란 무엇인가?

앞에서 살펴본 바와 같이 그리스도교 신자의 기도는, 삼위일체이시며 교회를 통하여 활동하시는 하느님과 떼려야 뗄 수 없는 관계다. 이렇듯 기도와 하느님을 이해하는 것은 동전의 앞뒤면과 같다. 서로 깊게 관련되어 있어서, 만약 한쪽을 잘못 파악하면 다른 쪽도 제대로 이해할 수 없게 된다.

구약 성경에는 하느님을 제대로 알지 못해 제대로 기도하지 못한 사례가 나온다. 그 대표적인 예가 '바알 신앙'[3]의 기도 이야기다. 바알 신앙은 '풍요'와 '다산'으로 대표되는 현세적이고 물질적 축복을 제시한다. 이는 태양신인 바알בעל과 대지의 여신인 아스다롯עשתרת이 결합한다는 것, 즉 태양이 땅에 잘 내리쬐면 곡식의 풍요와 가축의 다산을 가져다준다는 자연주의적 사고에 기초하는 것이다. 바알 신앙은 이런 현세적 축복을 위한 신들의 성적性的 결합을 재현하기 위해서 성전 창녀 제도를 도입했다. 바알 신앙은 윤리적인 측면에 문제가 있을 뿐만 아니라, 축복만을 말하고 죄를 지적하지 않는다는 문제도 있었다.

물질주의가 팽배한 현대에도 '돈'과 '성'의 결합으로 나타나는 비슷한 형태의 바알 신앙이 넘쳐 나고 있다. 사람들은 골치 아픈 죄의 문제보다는 쾌락의 극대화와 고통의 극소화를 추구한다. 종교에 침투한 바알 신앙, 즉 물질주의도 점점 심각해지고 있다. 일부 개신교회는 죄와 십자가보다는 현세적 축복만을 말함으로써 당장의 문제 해결, 질병의 치유, 사업의 성공 등을 위해 기도하는 것에만 열중하고, 구조적 부조리에 대해서는 침묵하면서, 개인 차원의 치유만 강조한다. 그리하여 일부 교회들은 양적 팽창만을 위한 기도의 장으로 변질되어 버렸다.

이러한 바알 신앙은 기복적인 신앙과 연결될 수밖에 없다. 물론 기복 신앙 자체는 인간의 자연스런 욕구에 바탕한 것이지만 그 차원에만 머물면 성숙한 신앙이 되기 어렵다. 또한 기복 신앙에는 기계적 관계가 전제된다. 즉 하느님과 어떤 기계적인 관계를 맺고, 그로부터 현세적인 가치를 추구한다는 것이다. 기계는 사람의 윤리적, 영적 상태를 고려하지 않고 작용한다. 다시 말해, 많은 기도나 많은 헌금을 투입하면 그 가격에 합당한 세상의 복이 기계적으로 산출된다고 잘못 생각하는 것이다. 이때 신은 마치 스마트폰처럼 우리의 요구를 전달받아 작동되는 존재, 혹은 《알라딘의 마술 램프》에 나오는 힘세고 전능한 요정처럼 램프 사용자의 상황은 별로 고려하지 않고 기계적으로 욕구를 채워 주는 존재가 되어 버린다. 그러므로 바알 신앙에서는 언제나 주문呪文이 따라온다. 주문은 신적인 능력을 기계적으로 끌어내는 암호와도 같다. 이러한 생각이 좀 더 발전하면 '인간의 행위는 반드시 어떤 필연적인 결과를 끌어낸다'는 비인격적이고 기계적인 인과율을 만들게 된다.

그러나 인간과 세상에 대한 하느님의 무조건적인 사랑은 이러한 인과율을 초월해 작용한다.[4] 초월적 하느님은 우리를 당신의 들러리가 될 완벽한 기계로 만드신 것이 아니라, 당신을 부인할 수 있는 자유 의지까지 가진 소중한 인격체로 만들어 주셨기 때문이다. 기도는 하느님과 신앙인인 우리가 맺는 인격적 관계이며, 보다 세심하게 그분의 현존과 활동을 인지하고, 그 뜻에 순응하는 것이다. 이제 동전의 다른 한쪽인 기도를 정리해 보자.

기도는 단순한 요구가 아니다

어느 기도 모임에서는 통곡하고 울부짖으며 간절한 소원을 아뢰기도 한다. 물론 그런 기도가 필요할 때도 있다. 그만큼 우리는 삶에서 만만치 않은 어려움을 자주 만나기 때문이다. 그런 모임에서는 야뽁 강에서 하느님과 씨름한 야곱처럼(창세 32,23-33 참조) 비록 엉덩이뼈가 다칠지언정 하느님과의 씨름에서 죽을힘을 다해 싸우듯 기도하라고 한다. 실제로 기도는 전투에 임하는 군인이나 투사처럼 죽을 각오로 해야 한다. 그러나 그런 기도가 일상적인 기도가 되어서는 곤란하다.

그럼에도 불구하고 우리의 삶이 구한 경쟁 구조에서 살아남아야 하는 상황이어서 그런지, 기도가 점점 격렬해지고 극단적으로 변해 가는 것 같다. 응답받는 기도나 축복받는 기도부터 최근 힐링의 열풍을 타고 위로와 치유를 받는 기도에 이르기까지, 그리고 대부분의 종교 서적들마저 개인적 아픔과 약점을 파고들어 특정 목적을 이루어 내기 위한 전투를 부추긴다. 경쟁적으로 하느님에게 어떤 축복을 받았느냐에 초점을 두고, 그것이 사람들의 관심사가 되어 간다. 심지어 일부 신자들은 용하고, 축복이 넘치는 성직자와 교회를 찾아다니기도 한다. 그러면서 정작 하느님과 그분의 뜻에는 별로 관심을 두지 않고, 스스로 겸손하고 정의롭고 정직하게 사는 것에도 또한 마음을 쓰지 않는다. 그래서 그런 곳에서는 "청하여라, 너희에게 주실 것이다. 찾아라, 너희가 얻을 것이다. 문을 두드려라, 너희에게 열릴 것이다. 누구든지 청하는 이는 받고, 찾는 이는 얻고, 문을 두드리는 이에게는 열릴 것이다."(마태 7,7-8)라는 예수님의 말씀이 자주 인용된다. 그래서 무엇인가를 받아 내지 못하고, 얻어 내지 못하고, 응답받지 못하는 기도는 뭔가가 잘못된 것처럼 이야기한다.

그러나 사실 응답받지 못하는 기도란 존재하지 않는다. 하느님은 잘못된 요구를 하는 기도에는 응답을 참으시고, 올바른 것을 구할 때까지 기다려 주신다. 또 아직 때가 이르지 않은 기도에는 천천히 응답하시거나 우리가 스스로 성장할 기회를 주시며 기다리신다. 그러나 올바른 기도에는 적절히 응답하신다. 응답이 진행 중이거나 '응답을 안 하고, 기다려 주는 것'도 인격적인 하느님의 응답 방법 중 하나인데, 사람의 편에서 '응답이 없다'고 생각하는 것일 뿐이다.

그럼에도 열성이 부족해서든 정성이 부족해서든, 기도하

는 사람에게 무슨 문제가 있어서 응답받지 못했다는 분위기를 만들기 일쑤다. 자신의 야욕과 욕망을 '비전'이라는 명목으로 포장하고 합리화하여, 물질적이고 세속적인 축복을 갈망한다. 하느님의 마음을 움직일 수 있도록 끊임없이 열렬하게 청하고, 찾고, 두드려 응답을 받으려고 최선을 다한다.

그러나 제대로 된 기도는 하느님을 변화시키는 것이 아니라 기도하는 사람을 변화시킨다. 기도는 채권자인 내가 채무자인 하느님에게 요구하는 청구서가 아니다. 또한 노사가 극렬하게 대립하는 임금 협상 같은 것도 아니다. 혹시 그런 방법으로 응답받은 소수가 잠시 하느님과 가까워진 것으로 착각할 수 있다. 그러나 결국 그런 기도와 신앙은 그 사람을 건전하지 않은 곳으로 이끈다. 그런 기도는 사람을 쉽게 지치고 실망하게 만든다. 그래서 자신이 하느님에게 상처받았다고 생각하게 해 하느님과 멀어지게 하는 원인이 된다. 물론 기도가 구체적일 필요는 있지만, 모든 것을 내가 미리 만들어 놓고 하느님이 그에 맞게 축복하기를 요구하는 것[5]은 앞에서 말한 바알 신앙[6]과 다르지 않다. 내가 하느님의 자리를 차지하고 앉아서 램프를 비비며 어려움을 해결해 줄 요정을 부르는 것에 불과하다. 그러나 우리는 하느님이 "청하기도 전에 무엇이 필요한지 알고 계신"(마태 6,8) 분이심을 항상 기억해야 한다. 그리스도교의 기도는 하느님을 내 뜻대로 조정하는 것이 아니다. 오히려 하느님의 뜻이 우리에게 다가올 때 그 뜻에 순명하기 위해 우리의 욕망과 계획, 판단을 모두 내려놓고, 상황과 자아까지도 하느님이 뜻하신 대로 이루어지기를 받아들이는 것이다. 우리는 이 모든 기도를 우리가 '그리스도', '주님'이시라고 고백한 예수님의 삶과 죽음, 그리고 부활의 빛 안에서 조명해야 한다. 그러므로 예수님과 아무런 상관 없이 나의 소망이나 영적 성장만을 간구하는 것은 참된 기도가 아니다. 우리는 예수님의 제자로서, 이 땅에 하느님 나라가 건설되는 종말론적 희망이 실현되기를 기도해야 한다. 자신과 이웃, 그리고 사회의 잘못을 돌아보며 우리의 삶과 기도로 하느님의 뜻이 '지금 여기서' 실현되기를 희망해야 한다.

기도는 정신 수련이 아니다

그리스도교의 기도는 우리가 하느님 아버지라고 부르는 분과 관계를 맺는 과정이다. 누군가와의 관계가 깊어지기 위해서 그 상대를 더 깊이 알고, 느끼고 싶어 하듯이 기도를 통하여 하느님의 활동과 현존을 더 많이 알고, 느낄 수 있다. 그래서 기도는 삼위이신 하느님이 주도하시는 것임을 인정하는 것에서 출발해야 한다.

기도는 영적이며 초자연적인 힘과의 만남을 통하여 신체적·정신적 상처를 치유하거나 특이한 능력을 연마하는 것이 아니다. 오히려 세간에 유행하는 기 수련이나 자기 최면, 마인드 컨트롤, 초월 명상, 깨달음 등을 통하여 어떤 경지에 도달하려는 것은 예수 그리스도가 구원의 유일한 중재자이심을 받아들이지 않는 행위다. 예수님은 "나는 길이요 진리요 생명이다. 나를 통하지 않고서는 아무도 아버지께 갈 수 없다. 너희가 나를 알게 되었으니 나 아버지도 알게 될 것이다."(요한 14,6-7)라고 분명히 말씀하셨다. 기도는 기도문을 외우는 것뿐만 아니라 자신의 주변 상황을 예수님이 지셨던 십자가의 빛으로 조명하고 그 안에서 활동하시는 성령을 느끼려고 노력하는 것까지 포함한다. 십자가 위에서 죽음의 순간까지 "아버지, 하실 수만 있으시면 이 잔이 저를 비켜 가게 해 주십시오. 그러나 제가 원하는 대로 하지 마시고 아버지께서

원하시는 대로 하십시오."(마태 26,39)라고 기도하신 예수님의 모습대로 말이다.

기도는 사랑의 초대에 대한 응답이다

그리스도교의 기도는 모든 존재 안에서 활동하시는 성령이 우리 안에 들어오셔서 우리를 대신해서 기도하시기를 청하는 것이다. 하느님을 통하여 무엇을 얻으려는 것이라기보다는 '그냥' 하느님을 느끼고 만나며 하느님 안에 머물기를 청하는 것이다. 요한 복음서의 표현을 빌리자면, 무엇을 간절히 청하기 전에 먼저 하느님 안에 머무르는 것이 필요하다. "너희가 내 안에 머무르고 내 말이 너희 안에 머무르면, 너희가 원하는 것은 무엇이든지 청하여라. 너희에게 그대로 이루어질 것이다."(요한 15,7) 그 머무름이 있을 때 비로소 하느님과의 인격적인 친교의 기도가 된다.

몇 년간 하와이 한인 성당에서 사목하다가 한국에 돌아온 나를 가장 기다린 사람들은 가족이었다. 그런데 나를 기다린 이유는 각자 조금씩 달라 보였다. 조카들은 그동안 명절 때 받았던 짭짤한 용돈 때문인 것 같았다. 한 조카는 대놓고 "삼촌이 없어 명절 때 받던 용돈이 많이 줄었다."라며 애교 섞인 하소연을 했다. 부모님이 나를 기다리는 이유는 좀 달랐다. 연로하신 그분들은 내가 외국에 나가 있는 동안 혹시 모를 변고로 인해 다시는 나를 못 보게 될까 봐 다른 어떤 것도 바라는 것 없이 그저 내가 돌아오기만을 기다리셨다. '그냥' 나를 만나길 간절히 원하신 것이다. 선물이나 돈이 아니라 나를 만나는 것 자체가 그분들에게는 큰 기쁨이요, 삶을 지탱하는 이유였다. 아마도 이 세상에서 내가 사람에게 받을 수 있는 제일 깊은 기다림이요, 사랑이 아닐까 싶다.

이처럼 기도는 무엇을 성취하려는 나의 욕구를 넘어서는 것이다. 하느님이 제일 좋은 분이시기 때문에 그냥 그 안에 머무르는 것이고, 인격적이고 영적인 분이신 하느님은 우리에게 사랑과 구원의 손길을 먼저 내밀어 주셨다. 기도는 그 사랑의 초대에 대한 우리의 응답이다. 우리는 이미 세례를 통하여 '하느님의 아들딸'이 된, 그분의 사랑하는 자녀들이다. 그러므로 기도를 통하여 이루어지는 것은 기도로 주어지는 보상보다 그분과 나누는 사귐과 친교가 우선이다.

c. 참된 기도를 식별하는 법은?

자신이 드린 기도가 잘 되었는지 아닌지를 알기는 참으로 어렵다. 흔히 기도드리는 중에 느낌이 좋으면 기도가 잘 되었다고 생각한다. 반대로 기도할 때 기분이 가라앉거나, 분심이 많이 들었거나, 별로 좋은 느낌 없이 덤덤했다면 기도가 잘 되지 않았다고 생각한다. 그러나 '좋은 기분'과 '좋은 기도'를 동일시하는 것은 경계해야 한다. 기도는 기도한 사람의 기분이나 감정으로 결과가 좌우되는 것이 아니기 때문이다.

좋은 기도, 잘하는 기도, 참된 기도는 좋은 열매를 맺는 기도라고 할 수 있다. 성령이 이끌어 주시며 선사하는 선물들이 성경에 언급되어 있다. "성령의 열매는 사랑, 기쁨, 평화, 인내, 호의, 선의, 성실, 온유, 절제입니다. 이러한 것들을 막는 법은 없습니다."(갈라 5,22-23) 우리가 제대로 된 기도를 했는지는 이런 열매들을 통하여 알 수 있다. 그러나 이것은 약간 추상적일 수 있기에, 좀 더 구체적으로 다음의 질문에 답하면서 기도를 제대로 하고 있는지 식별해 볼 수 있다.

감사하는 마음으로 청하는가?

기도는 본인의 노력이라기보다 은총이다. 하느님이 우리를 교회 공동체로 초대하시어 하느님을 아버지라고 부르면서 기도할 수 있도록 활동하시기 때문이다. 따라서 어떠한 간청의 기도도 감사의 마음에서 시작할 수밖에 없다. 감사하는 마음은 자연스레 무엇을 청하기 전에 자신을 돌아보는 자세를 불러온다. 그래서 감사드리는 대상에게 상식에서 벗어나는 요구를 계속할 수 없는 것이다. 감사하는 자세로 기도하는 사람은 자신의 잘못을 돌아보고 반성하게 되어, 감사와 반성의 마음을 안고 겸손한 자세로 도움을 청하게 된다. 그러나 자신의 삶을 받아들이며 감사할 수 없는 사람은 제대로 기도할 수 없다. 그러므로 무엇이 하느님에게 감사드릴 수 없게 하는지 살펴봐야 한다. 그것은 어쩌면 자신의 열등감, 미움, 상처 등에서 오는 것일 수 있다.

사랑하는가?

우리는 2천 년 전에 탄생하셔서 사랑을 보여 주신 예수님을 그리스도로 고백하고, 그분을 따르고자 하였다. 그래서 그리스도의 삶과 가르침을 묵상하고, 모든 피조물에서 성령의 신비와 활동을 느끼는 사람의 기도는, 하느님에 대한 사랑으로 귀결된다. 이런 사랑은 자신의 이익과 행복에 따라 움직이는 이기적인 것이 아니라, 사랑으로 창조된 자신은 물론 이웃과 자연에까지 확대된 넓은 차원의 사랑이다. 이렇게 기쁨과 사랑으로 충만해진 사람의 기도는 하느님에 대한 사랑과 이웃에 대한 사랑으로 나타나게 되어 있다. 예수의 데레사 성녀는 '기도란 많이 생각하는 일이 아니고 많이 사랑하는 일'이라고 말했다.[7] 예수님의 사랑 안에서 그분을 바라보며 그분과 소박하고 친밀하게 결합되는 것도 기도이기 때문이다.

교회에 머무르는가?

가톨릭교회는 성령의 활동을 분명하게 인정한다. 친교인 교회는 성령의 활동을 알리는 전달자다. 교회를 통하여 활동하시는 성령을 믿는 우리는, 교회 전례나 신앙을 멀리하는 기도를 올릴 수 없다. 그러므로 진정한 기도는 교회 전례와 성사를 통하여 더욱 풍성한 열매를 맺고, 교회 공동체의 일치와 성장에 도움을 준다. 만약 어떤 기도와, 그 기도의 영향이 교회 공동체의 분열을 조장하거나, 전례와 성사 참여의 의지를 반감시킨다면, 공동체의 영적 지도자들이 그것을 식별해 내야 한다. 어떤 종류의 기도와 경험이 교회 공동체와 동떨어져 개인의 이익을 위해서만 사용된다면 진정한 성령의 활동이라고 보기 어렵기 때문이다.

지금까지 가톨릭교회의 기도에 대해 살펴보았다. 기도는 분명히 하느님이 주도적으로 허락하시고 베풀어 주신 은총이다. 그렇다고 인간의 노력이 소홀히 취급되어서도 안 된다. 하느님의 은총과 인간의 노력이 적절하게 조화를 이룰 때 아름다운 기도와 삶이 영글기 때문이다. 그런 면에서는 기도를 위한 우리의 영적 갈망이 어느 정도 필요하다. 엄격히 말하자면, 영적 갈망도 하느님이 주시는 선물이지만, 우리는 이를 붙잡고 계속해서 기도에 정진하겠다는 마음을 다져 나가야 한다. 이제 이러한 영적 갈망을 안고 다양한 종류의 기도를 통하여 기도의 실재를 만나 보자.

요점 정리

- 인격적이고 영적이신 삼위일체 하느님이 우리에게 사랑과 구원의 손길을 먼저 내미셨다.
- 기도는 하느님의 사랑과 구원으로의 초대에 대한 우리의 응답이다.
- 기도는 하느님과 나누는 사귐과 친교다.
- 기도는 하느님을 변화시키는 일이 아니라 기도하는 사람을 변화시키는 것이다.
- 제대로 기도하는 사람은 감사하는 마음으로 하느님과 이웃을 사랑하며 교회와 공동체의 선을 더욱 키우기 위하여 노력한다.

성찰하기

- 나는 어떤 존재이고 내 인생의 목적은 무엇인가?
- 나에게 있어서 하느님은 어떤 분이신가? 나에게 있어서 기도란 무엇인가?
- 내가 기도할 수 없는 이유는 무엇인가? 요즘 내가 빠져 있는 것은 무엇인가?
- 기도할 수 없는 이유는 하느님에 대한 의문과 자기 자신의 문제에서 오는 경우가 대부분이다.
- 우리는 자신의 모습 중 긍정적인 부분만 하느님과 다른 사람에게 보이려는 경향이 있다.
- '하느님을 찾으려면 먼저 자기 자신을 알아야 한다'는 아우

구스티노 성인의 말처럼, 의식의 흐름과 마음은 물론 기쁨, 외로움, 두려움, 걱정, 불안, 회의, 무지, 이해받으려는 욕구와 사랑받으려는 욕구 등 내 안에서 일어나는 다양한 경험의 뿌리와 근원을 알아 가야 한다.

- 훌륭한 사람과 뛰어난 가르침을 좇아 밖에서 인생과 신앙의 답을 찾을 것이 아니라, 먼저 자신의 내면을 들여다 볼 줄 알아야 한다.
- '내가 보는 나'와 '다른 이들이 보는 나'의 차이를 알고 있는가? "이만하면 중간은 가는데……."라고 생각하며 현실에 안주하고 있는가? 있다면 언제 그런 생각이 드는가?
- 내가 잘하는 것은 무엇이고, 잘 못하는 것은 무엇인가? 나는 나의 잘못을 고치려고 어떤 노력을 하는가?
- 기도의 가장 큰 적은 자기 거부, 즉 '있는 그대로의 자신'을 받아들이지 못하고 자신의 소중함을 알지 못하는 것이다.
- 자기 거부는 자신감 부족이나 열등감, 지나친 자만심 등으로 나타나곤 한다.
- 자신이 정말 소중한 존재라는 체험이 없으면 그것을 이겨 낼 수 없다.

- 예수님이 세례 때에 들으셨던 "이는 내가 사랑하는 아들, 내 마음에 드는 아들이다."(마태 3,17)라는 말과 같은 사랑의 체험은 사막에서 우물을 발견하는 것과 같다.
- 우리 모두는 하느님의 독점적이고 고유한 사랑을 받는 자녀들이다.
- 기분이 좋고, 결과도 좋아야만 하느님의 사랑을 받는 것이라고 착각하지 말자.
- 기도를 통하여 하느님의 사랑을 체험할 수 있도록 마음의 빗장을 풀고 나아가자.

체험하기

- 그간 내가 살아온 이야기, 즉 나의 삶의 역사를 기록해 보자. 하느님이 함께하심을 그 안에서 발견해 보자.
- 나는 영원부터 영원까지 하느님에게 속해 있다는 것을 잊지 말자. 그리고 지금 이 순간에도 누군가 나를 위해 기도하고 있다는 사실도 기억하자.
- 나는 태어나기 전에도 하느님의 사랑의 받았고, 지금도 그렇고, 죽은 다음에도 그럴 것이다. 얼마 동안을 살든 내 한평생은 하느님 안에 있는 것이다.
- 그래서 내 삶에서 "하느님, 저도 당신을 사랑합니다."라고 고백할 수 있다면, 그것이야말로 성공한 인생이자 신앙이지 않을까? 하느님 안에서 오늘 하루를, 나의 이웃을 바라보자.

어떤 기도가 있는가?

B. 어떤 기도가 있는가?

　영양분을 제공하고 활력을 주는 맛난 음식을 제대로 먹어야 건강하게 살 수 있다. 그런데 내 기도의 밥상에는 어떤 것들이 놓여 있는지 잠시 생각해 보자. 같은 밥에 같은 반찬이 매일 올라온다면 밥 먹는 일이 기쁘지 않을 것이다. 자기가 사는 지역에서 제철에 나온 농산물이 자기 몸에 가장 잘 맞는 음식이라는 말처럼, 기도가 나에게 도움이 되려면 나의 몸과 마음에 맞는 기도를 잘 찾아야 한다. 자신의 성향이나 습관, 한계, 환경도 스스로 살필 필요가 있다. 물론 하느님은 그 내용이나 방법과 상관없이 우리를 만나 주시겠지만, 우리 편에서도 어느 정도 사전 지식과 정보가 필요하다.

마치 식당에 가면 음식에 관한 메뉴가 있듯, 가톨릭교회라는 식당에는 다양한 종류의 기도가 차려진 메뉴판이 있다. 물론 메뉴를 보지 않고 자기가 좋아하고 늘 먹는 음식을 먹을 수도 있지만, 기도의 메뉴를 보고 다양한 음식을 즐길 수 있는 사람이 더 현명한 사람일 것이다. 그래서 2천여 년의 전통을 가진 교회의 '기도 메뉴'를 만들어 보고자 한다.

그러나 기도를 정리하고 구분하는 일은 어려운 일이다. 무엇을 기준으로 삼는지에 따라 다양한 구분이 가능하기 때문이다. 예를 들어, 형식에 따라 구송기도, 묵상기도, 관상기도로 구분할 수 있고, 전례에 사용되는지 그렇지 않은지, 주어진 기도문을 따르는지 그렇지 않은지에 따라 구분할 수도 있다. 개인기도와 공동기도로 구분할 수도 있고, 지향하는 내용에 따라 구분할 수도 있다.

이 장에서는 개인이 할 수 있는 기도에서부터 공동기도에 이르기까지 여러 종류의 기도를 간단히 소개하여 다양한 상황에서 자신에게 맞는 기도를 선택할 수 있도록 도움을 주려 한다.

이 순서에 따라 기도해 보면 자연스레 한 편의 아름다운 기도가 될 것이다. 특별히 관상기도도 소개할 것인데, 한 번에 그치지 말고 이 순서대로 자주 기도하면 좋을 것이다. 그리고 각각의 기도에서 주의해야 할 사항 몇 가지도 함께 살펴볼 것이다.

a. 기도의 종류

ⓐ 주제에 따라

감사기도

감사기도는 하느님이 베풀어 주신 은총에 감사드리며 바치는 기도다. 우리의 소원을 아뢰고 그 청을 들어주심에 감사하는 것은 당연하지만, 사실 그리스도인에게는 모든 것이 감사할 이유가 된다.

바오로 사도도 "모든 일에 감사하십시오."(1테살 5,18)라고 권고했다. 인간이 없어도 아무것도 아쉽지 않을 하느님이시지만 넘치는 사랑 때문에 우리와 함께 아파하고, 함께 눈물을 흘리고, 함께 기뻐하신다. 엄밀히 말해 감사는 하느님을 위해서라기보다 우리 자신을 위한 것일 때가 더 많다. 우리는 감사를 통하여 긍정적인 마음을 회복하고 마음의 상처를 치유하기 때문이다.

하느님의 모상으로 창조된 것에 감사하고, 이 세상에서 살 수 있는 기회를 주심에 감사하고, 하느님의 자녀로 불러 주심에 감사하고, 죄에서 구원해 주심에 감사하고, 하느님에게 기도할 수 있게 해 주심에 감사하고, 일용할 양식을 주심에 감사하고, 지금의 어려움을 주심에 감사하고, 어려움 속에서도 포기하지 않고 살 수 있는 힘을 주심에 감사하고, 가족을 주심에 감사하고, 결국

영원한 행복과 생명을 주실 것에 감사해야 한다. 그뿐만 아니라 내 욕심과 욕망대로 다 되지 않은 것에 대해서도 감사할 수 있어야 한다. 감사할 일은 끝이 없다. 독일의 신비주의 신학자인 에크하르트[8]는 이렇게 말했다. "전 생애를 통틀어 오직 한마디로만 기도할 수 있다면, '감사합니다!' 이것으로 충분하다."

찬미와 흠숭

찬미와 흠숭은, 인간이 하느님을 알아보고 그분에게 합당한 예를 드리는 것이다. 하느님은 모든 선의 원천이자 축복의 근원이시다. 인간에게 무상의 선물을 주시는 하느님을 만날 때 인간은 하느님에게 찬미로 응답할 수밖에 없다. 찬미와 찬양[9]은 하느님을 하느님의 자리로 모실 때 나오는 기도이고, 흠숭은 인간이 자신의 보잘것없음을 깨닫고 창조주 하느님 앞에 꿇어 엎드리는 자세를 취하는 것이다.

시편에서는 "의인들아, 주님 안에서 환호하여라. 올곧은 이들에게는 찬양이 어울린다."(시편 33,1) 또한 "의인에게는 빛이, 마음 바른 이들에게는 기쁨이 뿌려진다. 의인들아, 주님

안에서 기뻐하여라. 거룩하신 그 이름을 찬송하여라."(시편 97,11-12)라고 노래한다. 의인, 곧 영적으로 성숙한 사람이 하느님에게 찬미와 흠숭을 드리는 것은 너무도 당연한 일이라는 것이다. 그리고 찬미와 흠숭의 방법은 정적이고 엄숙한 것이 아니라, "환호하여라."와 "기뻐하여라."라는 시편 저자의 말처럼 단순하고 활기차고 열정적임을 알 수 있다.

하느님을 생각할 때 주눅이 들거나 겁에 질리고 무섭다면 하느님의 모습을 잘못 알고 있는 것이라 할 수 있다. 하느님을 만나는 일에 환호하고 기뻐할 수 있어야 제대로 하느님에게 나아가고 있는 것이다. 그러한 내적 힘을 교류하고 느끼며 발산할 수 있는, 살아 있는 만남의 은총을 구해야 한다.

참회기도

참회기도 혹은 회개기도는 "아버지, 제가 하늘과 아버지께 죄를 지었습니다."(루카 15,18)라는 기도를 드리는 것이다.

'죄를 짓다', '길을 놓치다'라는 뜻의 히브리어 '하타חטא'는 구약 성경에서 240번 사용되었고, '종교적인 죄', '나쁜 짓'이라는 의미의 그리스어 '하마르티아ἁμαρτία'는 신약 성경에서 45번 사용되었다. 이런 죄는 스스로 얻은 것인데, '되찾은 아들의 비유'(루카 15,11-32 참조)

에서 둘째 아들은 자신의 죄를 깨닫고 위와 같은 참회기도를 드렸다.

죄에서 자유로운 사람은 단 한 사람도 없다. 그러나 요즘은 물질 만능의 세태와 맞물려 자신의 죄를 돌아보는 참회보다는 성공, 행복, 웰빙, 치유, 축복, 기적 같은 단어들이 우리의 삶에 더 많은 부분을 채워 가고 있는 것이 현실이다. 하지만 이러한 사실을 알게 된 우리는 겸손하게 순간순간 참회와 회개의 기도를 바칠 줄 알아야 한다.

'회개'라는 뜻의 그리스어 '메타노이아$\mu\varepsilon\tau\acute{\alpha}\nuo\iota\alpha$'는 자신의 잘못을 깨닫고, 자신의 부족함과 죄로 인해 고통받은 사람들에 대해 아픔을 느끼고 눈물을 흘리는 것이다. 하지만 거기에서 멈춰서는 안 된다. '내가 행한 죄'에서 벗어나야 하는 것은 물론이고 '내가 행해야 할 것을 행하지 않은 죄'에 대해서도 아파하며 삶의 가치관을 바꿔 '해야 할 일'을 할 수 있어야 한다. 과거의 잘못된 삶을 떠나 새로운 삶을 살아가는 것이다. 이런 올바른 참회와 회개는 우리를 어둠이 아니라 기쁨과 자유로 인도해 줄 것이다.

청원기도

청원기도 혹은 탄원기도는, 창조주이신 하느님 앞에 인간은 한낱 피조물이라는 자기 한계를 고백하는 것이다. 따라서 부부 문제, 자녀 문제, 경제적 문제, 질병 문제, 사회생활 전반의 문제들을 기도하는 것이다. 하느님에게 청하는 것은 자연스러운 일이다.

히브리어 '테힌나ּתְחִנָּה'와 그리스어 '파라칼레오παρακαλέω'

는 '요청하다', '탄원하다'라는 뜻인데, 솔로몬 임금이 하느님에게 "이스라엘의 하느님, 당신의 종 제 아버지 다윗에게 하신 말씀이 진실하다는 것을 드러내 주십시오."(1열왕 8,26)라고 기도할 때 '테힌나'라는 단어를 사용했고, 백인대장이 예수님에게 병을 고쳐 달라고 청원할 때 '파라칼레오'라는 단어를 사용했다.

청원기도에는 자신의 부족함을 인정하고 하느님을 향해 다시 돌아서는 참회나 회개의 자세가 포함되어 있다. 따라서 "용서를 청함은 청원기도의 첫 단계이다."(《가톨릭 교회 교리서》 2631항) 무엇이든 청원의 대상이 될 수 있지만, 명심해야 할 점은 우리가 필요로 하는 것을 청하기 전에 먼저 하느님의 뜻과 의로움이 이뤄지도록 청해야 한다[10]는 것이다. 이 세상살이만이 전부인 것처럼 현세에서의 물질과 복을 구하는 것에 국한되는 내용만을 청하는 것은 옳지 않다. 따라서 하느님에게 모든 것을 맡기는 '여백의 미'에도 마음을 두고 그에 따른 나의 변화를 위해서 노력해야 한다. 다른 이를 위한 전구轉求도 넓은 의미의 청원기도에 포함된다.

서원기도

서원誓願기도는 자신의 소원을 고백하면서 하느님에게 어떤 서약을 하는 기도다. 예를 들어, 아들이 없던 한나는 하느님에게 서원하며 이렇게 말했다. "만군의 주님, 이 여종의 가련한 모습을 눈여겨보시고 저를 기억하신다면, 그리하여 당신 여종을 잊지 않으시고 당신 여종에게 아들 하나만 허락해 주신다면, 그 아이를 한평생 주님께 바치고 그 아이의 머리에 면도칼을 대지 않겠습니다."(1사무 1,11) 중요한 것은 서원하기 이전에 하느님이 어떤 서원의 내용을 기뻐하실 것인가를 생각해야 한다는 점이다. 입타는 서원을 잘못하여, 이로 인해

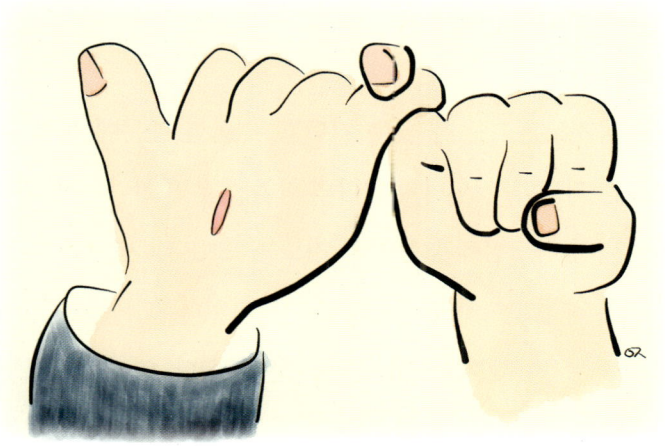

B. 어떤 기도가 있는가?

자신의 무남독녀를 죽이는 어리석음을 범하고 말았다.[11] 또한 부정한 재물을 가지고 하느님에게 서원해서는 안 된다.[12] "그리스도인은 개인적 신심으로 특정 행위와 기도, 자선과 순례 등을 하느님께 약속할 수 있다."《가톨릭 교회 교리서》 2101항) 그리스도인은 여러 가지 상황에서 하느님에게 약속을 드리도록 부르심을 받는다. 그래서 세례성사와 견진성사, 혼인성사와 성품성사, 수도자의 종신 서원에는 언제나 약속이 들어 있다. 하느님에게 드린 서원은 마땅히 그분에게 드려야 할 경외심의 표현이자, 성실하신 하느님에 대한 사랑의 표현이다. 그래서 반드시 지키도록 노력해야 한다.

통곡기도

통곡기도는 마음을 찢는 기도고, 억울함 때문에 울며 부르짖는 기도다. 프닌나가 한나의 화를 돋우면 한나는 마음이 괴로워서 하느님에게 통곡의 기도를 드렸다. "한나는 마음이 쓰라려 흐느껴 울면서 주님께 기도하였다."(1사무 1,10) 그리고 하느님은 그런 기도를 기꺼이 들어주셨다. 여기서 사용된 '바카בכה'라는 히브리어 단어는 '울부짖다', '탄식하다'라는

뜻이고, 신약 성경에서는 '비명', '통곡'이라는 뜻의 '크라우게 κραυγή'가 이 기도에 해당한다(히브 5,7 참조). 살다 보면 다른 사람 때문에 억울한 일을 당하는 경우도 있고, 자신의 잘못 때문에 통곡하게 되는 경우도 있다.

울음을 통해 스스로 정리되고 정화될 수 있지만 '울 수 있다는 것' 그 자체도 하느님이 허락해 주신 큰 은총이다. 오히려 울지도 못하는 완고한 마음을 가진 사람이 더 큰 문제라는 뜻이다. 늘 이성과 합리성에 갇혀 있는 계산적인 사람은 제대로 기도하기 어렵다. 가끔이라도 우리는 절박한 어려움 앞에서 하느님에게 울며 부르짖을 줄도 알아야 한다. 저절로 터져 나오는 외침을 부끄러워할 필요도, 감출 필요도 없다. 이런 면에서 이웃의 눈물과 아픔에 무관심한 사람도 하느님에게 가까이 가기 어렵다. 우리는 함께 울어 주고 함께 아파해 줄 하느님이 곁에 계시다는 사실에 감사할 수밖에 없다.

전구기도

전구轉求[13] 기도는 다른 이를 위해 자신이 대신 기도한다는 뜻이다. 아브라함이 죄 많은 소돔과 고모라를 위해 하느님에게 간청한 일과(창세 18,16-33 참조), 모세가 시나이 산에 올라가 하느님에게 간청하여 타락한 백성을 재앙에서 구해 낸 일이 있었다(탈출 32,7-14 참조). 또한 예수님도 믿음이 약한 베드로를 위해 간구하셨고(루카 22,32 참조), 제자들과 교회의 일치를 위해서도 기도하셨다(요한 17,6-26 참조). 베드로 사도가 복음을 전하다가 옥에 갇혔을 때에도 "교회는 그를 위하여 끊임없이 기도하였다."(사도 12,5) 하느님은 베드로 사도에게 천사를 보내시어 쇠사슬도 풀어 주시고 파수병의 눈을 멀게 하여 그를 구출해 주셨다. 바오로 사도도 "형제 여러분, 나는 우리 주 예수 그리스도를 통하여 성령의 사랑으로 여러분에게 부탁합니다. 나를 위하여 하느님께 기도드리며 나와 함께 싸워 주십시오."(로마 15,30)라고 전구해 줄 것을 공동체에 부탁했다. 이에 따라 미사 전례 중에도 다음과 같은 전구기도를 바친다.

"주님, 온 세상에 널리 퍼져 있는 교회를 생각하시어, 교황 (   )와 저희 주교 (   )와 모든 성직자와 더불어 사랑의 교회를 이루게 하소서. 부활의 희망 속에 고이 잠든 교우들과 세상을 떠난 다른 이들도 모두 생각하시어 그들이 주님의 빛나는 얼굴을 뵈옵게 하소서. 저희에게도 자비를 베푸시어 영원으로부터 주님의 사랑을 받는 하느님의 어머니 복되신 동정 마리아와 복된 사도들과 모든 성인과 함께 영원한 삶을 누리며, 성자 예수 그리스도를 통하여 아버지를 찬양하게 하소서."

이 밖에도 공동체 지도자들과 선교사들, 아픈 이들, 어려움을 겪고 있는 소외된 이들을 위해 전구기도를 바쳐야 한다. 하느님은 이미 기도와 도움이 필요한 이들을 알고 계시지만, 우리가 사랑의 마음으로 그들을 위해 기도드릴 때 우리는 하느님의 구원 사업에 함께 참여하고, 모든 생명체와 깊이 연결된 신앙인이 될 것이다.

맞섬기도

맞섬기도는 자신을 넘어뜨리려는 술수로부터 벗어나기 위해 하느님에게 도움을 청하는 기도다.

경건하게 살고자 하는 신앙인을 시험하고 명예를 실추시키거나, 재물을 탕진하게 하고 병들게 만드는 상황이 벌어질 때가 있다. 욥도 이런 어려움으로 인해 오늘날의 '우울증'이

B. 어떤 기도가 있는가? **79**

라 할 수도 있는 어두운 절망에 빠지기도 했다. "그렇게 나도 허망한 달들을 물려받고 고통의 밤들을 나누어 받았네. 누우면 '언제나 일어나려나?' 생각하지만 저녁은 깊어 가고 새벽까지 뒤척거리기만 한다네. 내 살은 구더기와 흙먼지로 뒤덮이고 내 살갗은 갈라지고 곪아 흐른다네. 나의 나날은 베틀의 북보다 빠르게 희망도 없이 사라져 가는구려."(욥기 7,3-6)

인간의 편에서 맞섬기도는 한계 속에서도 고난에 동참하는 과정이며, 하느님 편에서는 시험을 통하여 인간을 성숙함으로 이끄시는 과정이라 할 수 있다. 하느님이 우리에게 이해하기 힘든 고통과 원인 모를 고난을 주시는 것 같지만, 결국 그런 어려움이 우리를 성장으로 이끈다는 사실을 기억하며 하느님에게 자신을 전적으로 내맡기는 자세가 필요하다.

축복기도

축복기도는 이사악이 아들 야곱을 축복한 이야기에서처럼 자녀를 위해 기도할 때 그 자녀가 축복을 받는 기도다(창세 27장 참조).

복과 관련된 히브리어는 '바라크ברך'인데, 창세기에서 이는 하느님이 인간에게 맨 처음 복을 주실 때 사용된 단어이기도 하다(창세 1,28 참조).[14] 하느님이 '믿음의 조상'이라 불리는 아브라함을 부르시고 그에게 주신 복도 같은 축복이다. 마태오 복음서에는 예수님이 빵 다섯 개와 물고기 두 마리를 손에 들고 기도하신 다음, 남자만 해도 5천 명을 배불리 먹이신 이야기가 나오는데, 그 대목에 그리스어 '율로게오$εὐλογέω$'가 사용되었다(마태14,13-21절 참조). 이는 하느님에게 축복을 빈다는 뜻이다. 예수님이 "어린이들을 끌어안으시고 그들에게 손을 얹어 축복해"(마르 10,16) 주신 바로 그 축복이다. 이 단어는

신약 성경에 45회나 사용되었다.

이렇듯 축복기도는 하느님의 이름으로 복을 선포하거나 안수할 때 실제로 사용된 것이다. 따라서 준비기도를 한 후에, 간절한 마음과 믿음을 품고 예식에 임해야 한다. 또한 가능하면 공개적인 장소에서 하는 것이 좋다. 부모는 가정에서 자녀를 위해 하느님의 말씀에 따라 축복을 선포하고 자녀의 머리에 손을 얹어 축복기도를 해 주는 습관을 들이는 것이 좋고, 교회의 영적 지도자들도 필요한 사람에게 축복해 주어야 한다.

양심 성찰

양심 성찰, 곧 성찰기도는 자신의 내면을 살피는 기도다. 하느님은 예언자 하까이에게 "너희가 살아온 길을 돌이켜 보아라."(하까 1,5)라고 말씀하셨다. 바오로 사도도 갈라티아인들에게 "저마다 자기 행동을 살펴보십시오."(갈라 6,4)라고 권고했다.

자신을 살피는 일[15]은 마음에서 출발한다. 그래서 성찰은 동전의 양면같이 의식에 대한 것과 양심에 대한 것으로 나뉜다. 의식 성찰은 하루를 생활하는 동안 하느님이 내 삶에 함께하신 부분을 살피는 것이기에, 영성 작가로 유명한 예수회 소속 헨리 나우웬 신부의 말대로 매일 '영성 일기'[16]를 쓰는 것이 좋다. 기도 중에, 혹은 기도 후에 간략하게 메모를 해도 상관없다. 그러다 보면 내용이 늘어날 수도 있다. 누군가

를 의식해서 매일 써야 한다는 부담을 가질 필요는 없지만 습관을 들이는 것은 중요하다. 영성 일기, 혹은 기도 일기는 영적 여정에서 얻은 깨달음과 질문, 혼란스러움까지도 기록하기에, 그 영성을 현재 느낀 그대로 간직하게 해 준다. 여정에서 하느님이 함께하신다는 손길을 느끼게 해 주는, 문자로 된 기도라 할 수 있다.

양심 성찰은 하루의 삶에서 정화되고 치유되어야 할 영역을 보게 한다. 약함은 치유되어야 할 부분이고, 강함은 계속 유지되어야 할 부분이다. 약함과 강함이 하느님 앞에서 드러나는 것은 은총이다. 그래서 성찰의 기도는 하루를 마감하면서 잠자리에 들기 전에 하는 것이 좋다.

ⓑ **형식에 따라**

개인기도

개인기도는 공동체의 전례기도와 달리 개인이 각각 다른 상황에서 하느님에게 아뢰는 기도라서, 기도의 방법이 다양

할 수 있다. 자신의 상태와 문제를 숨김없이 그대로 드러내는 것이 중요하고 절차, 형식, 장소[17]는 자유롭기 때문에 뒤에 소개할 기도들이 이에 해당할 수 있다.

개인기도가 자유로운 이유는 하느님이 불타는 떨기나무 속에서도 모세에게 나타나 주신 것처럼(탈출 3,1-6 참조), '지금, 내가 있는 이곳이'[18] 하느님을 만나는 거룩한 땅이기 때문이다. 자신이 서 있는 장소가 거룩한 땅이라고 생각하면 어디에 서든지 개인기도를 드릴 수 있다. 바오로 사도도 몸의 가시 때문에 똑같은 개인기도를 세 번이나 간절하게 바쳤다.

B. 어떤 기도가 있는가? **85**

그러자 하느님이 "너는 내 은총을 넉넉히 받았다. 나의 힘은 약한 데에서 완전히 드러난다."(2코린 12,9)[19] 하고 말씀하셨기에, 바오로 사도도 그리스도의 힘이 머무를 수 있도록 더없이 기쁘게 자신의 약점을 자랑한다고 고백할 수 있었다. 따라서 자신의 문제를 통하여 하느님에게 마음을 열고 결과에 관계없이 받아들이는 자세가 필요하다.

주의할 것은 개인기도를 드리며 하느님의 음성을 들었다는 사람들의 말이다. 물론 하느님에게는 불가능한 일이 없으시다. 그러나 '그것이 과연 하느님의 음성인가?' 하는 것은 교회의 영적 지도자들을 통하여 신중하게 식별될[20] 필요가 있다. 사회가 혼란스러운 때일수록 하느님의 음성을 들었다는 사람들의 말에 약한 사람들이 미혹되어 위험에 빠지는 일이 많았기 때문이다.

보편지향기도

보편지향기도는 신자들이 마음을 일치시켜 같은 목적과 지향을 품고 같은 장소에서 기도하는 것이다.

일찍이 예수님은 "내가 또 진실로 너희에게 말한다. 너희

가운데 두 사람이 이 땅에서 마음을 모아 무엇이든 청하면, 하늘에 계신 내 아버지께서 이루어 주실 것이다. 두 사람이나 세 사람이라도 내 이름으로 모인 곳에는 나도 함께 있기 때문

이다."(마태 18,19-20)라고 말씀하셨다. 사도들은 오순절에 한자리에 모여 함께 기도했더니 성령의 충만함을 받았다(사도 2,4 참조).

믿는 사람들이 함께 마음을 모아 구하는 기도는 갈라진 마음들을 하나로 묶을 뿐만 아니라, 참여자가 성령의 충만함을 체험하며 하느님에게 모든 것을 맡김으로써 서로 교류하는 은총을 경험하게 한다. 따라서 미사 전례 중에도 공동체의 마음을 모아 보편지향기도를 함께 바치는 것이다.

단식기도

단식기도 또는 금식기도는 음식을 절제하며 경건하게 드리는 기도다. 구약 성경에서 단식은 'צוֹם쫌'이라고 하는데, 음식물을 일절 금한다는 뜻보다는 어떤 목적을 위하여 당면

한 문제 때문에 먹고 자고 노는 것이 무의미해진 상황을 말한다.[21] 이 기도에서도 물을 마시는 것은 허용된다.

이스라엘 사람들은 국가적인 재난이나 심각한 개인적인 문제에 직면했을 때, 그에 대한 반응으로 식음을 전폐하고 하느님의 개입을 간구하며 기다리는 마음으로 단식을 했다. 다니엘, 다윗, 아합 등도 단식을 하면서 기도하였다. 예수님도 신랑을 빼앗길 날에는 단식하게 될 것이라고 말씀하셨다(마태 9,15 참조).

이처럼 심각한 위기 상황에서 나타나는 반응이 단식이었다. 그러나 단식을 통하여 하느님의 뜻을 내 뜻으로 바꾸려 하거나 억지를 부리면서 자기중심적인 어떤 결과를 끌어내려고 하는 것은 진정한 단식이 아니다. 오히려 좀 더 맑은 정신으로 하느님의 뜻을 찾고 받아들이는 것이 진정한 의미의 단식이다. 또한 예수님은 단식을 할 때 주의해야 할 것을 자세히 알려 주셨다. "너희는 단식할 때에 위선자들처럼 침통한 표정을 짓지 마라. 그들은 단식한다는 것을 사람들에게 드러내 보이려고 얼굴을 찌푸린다. 내가 진실로 너희에게 말한다. 그들은 자기들이 받을 상을 이미 받았다. 너는 단식할 때 머리에 기름을 바르고 얼굴을 씻어라. 그리하여 네가 단식한다는 것을 사람들에게 드러내 보이지 말고, 숨어 계신 네 아버지께 보여라. 그러면 숨은 일도 보시는 네 아버지께서 너에게 갚아 주실 것이다."(마태 6,16-18) 하느님을 위해 자신의 소중한 욕구를 포기할 줄 아는 것은 내적인 큰 기쁨을 누리는 일이다.[22]

시간기도

시간기도는 정해진 시간에 규칙적으로 바치는 기도다. 유대인들은 하루에 세 번, 정해진 시간에 성전에서 기도했다.[23] 다윗이 "저녁에도 아침에도 한낮에도 나는 탄식하며 신음하네. 그러면 그분께서 내 목소리 들으시고"(시편 55,18)라고 말한 것으로 보아 그도 이에 충실했을 것이다. 예수님의 제자들도 이런 관습을 지키고 있었다.[24]

이런 전통을 존중하여 그리스도교 공동체도 날마다 정해진 시간에 하느님을 찬미하며 공적 기도인 '시간 전례'를 바친다. 시간 전례는 찬미가, 시편 기도, 짧은 독서 등으로 구성된다.

교회의 특정한 사람들, 특히 하느님에 대한 감사와 보속, 하느님을 흠숭할 의무를 수행하도록 임명된 사람들이 노래로 부르거나 낭송하는 이 기도는, 지상에서 하느님의 끊임없  는 은총을 청하는 것이기도 하다. 따라서 시간 전례는 모든 성직자가 의무로 바쳐야 하며, 수도자들은 수도회 회헌 규정에 따라 이 기도를 바친다. 수도원의 성무聖務는 밤낮으로 일정한 시간을 정해 놓고 바치는 정식 공동체 기도와 더불어, 하루를 여러 부분으로 나누어 밤과 낮에 일곱 차례 기도하는 것으로 발전했다. 곧 일곱 차례의 시간경時間經은 밤중기도, 일시경, 삼시경, 육시경, 구시경, 저녁기도, 끝기도다. 습관화된 시간기도는 영적 수련과 성숙에 많은 도움을 준다.

새벽기도

새벽기도는 일몰과 일출 사이에 드리는 기도다. 유대인들의 새벽 시간은 세 시에서 여섯 시 사이였다. 시편 저자는 새벽이 하느님이 소원을 들어주시고[25] 도와주시는[26] 때라고 한다. 예수님도 전도 여행을 떠나실 때 새벽의 한적한 시간에 나가 기도하셨다.[27] 새벽은 하루를 시작하는 때고 만물이 잠에서 깨어나며 오염이 없는 때다. 사람에게도 새벽은 정신이 가장 맑은 때라 할 수 있다. 새벽에 기도를 한다는 것은 하루의 시작을 하느님과 함께한다는 뜻이고, 하느님의 능력을 경험할 수 있는 기적의 시간이라는 의미다. 구약 성경의 핵심

사건인 탈출기에서, 야훼 하느님이 뒤따라오는 이집트 군대에게 쫓기던 이스라엘에게 기적을 행하신 때도 새벽이었다. "새벽녘에 주님께서 불기둥과 구름 기둥에서 이집트 군대를 내려다보시고, 이집트 군대를 혼란에 빠뜨리셨다."(탈출 14,24)

철야기도

철야기도는 말 그대로 밤을 새며 하는 기도지만, 밤의 어느 한때에 하는 기도도 포함한다. 시편 저자가 "당신의 의로운 법규 때문에 한밤중에도 당신을 찬송하러 일어납니다."(시편 119,62)라고 고백한 것처럼, 다윗 임금이 밤마다 단식하며 기도한 것도 그가 하느님의 음성을 듣고 위로받기를 원했기 때문이다(2사무 12,16 참조).

밤을 새워 기도한 경우는 히브리어로 'לון'이란 단어를 쓰는데, 여호수아가 요르단 강을 건너기 전 3일 동안 기도했을 때도, 야곱이 야뽁 강을 건너지 않고 홀로 남아 밤새도록 기도했을 때도 쓰였다. 예수님도 열두 사도를 뽑으실 때 밤을 새우며 기도하셨다(루카 6,12-13 참조). 철야기도는 만물이 쉬는 조용한 시간에 세상의 것들에 방해를 받지 않으면서 하느님을 가까이할 수 있어서 좋다. 그리고 밤은 별과 달을 바라보면서 하느님이 창조하신 세계에 대해 마음속으로 더 깊이 묵상할 수 있다. 모든 시간에 기도를 할 수 있다면 제일 좋겠지만, 각자의 환경과 주어진 상황에 따라서 아침, 낮, 저녁, 밤[28]을 선택하여 자기에게 맞는 기도 시간을 찾는 것이 중요하다.

침묵기도

침묵기도[29]는 말을 하지 않는 기도다. 살아 있는 모든 존재는 자신을 드러내는 방식으로 존재하지만, 드러내지 않는 방식으로도 존재할 수 있다. 보이지 않고 느껴지지 않는다고 해서 존재하지 않는다고 말할 수는 없다.

침묵에는 크게 하느님의 침묵과 인간의 침묵이 있다. 여기

에서는 인간의 침묵만을 이야기해 보고자 한다. 인간의 침묵이란 내적인 마음의 평화와 고요, 하느님의 뜻을 찾기 위해 말없이 기도하는 것을 말한다. 침묵하며 자신의 삶을 돌아보며 자신을 찾고 비워야 할 것과 채워야 할 것을 하느님 안에서 분별하기 위해서다. '침묵'을 뜻하는 히브리어는 '다남דמם'이다. 이사야가 예언자로 부르심을 받을 때, 하느님의 모습을 본 후 영적 눈이 열려 "큰일났구나. 나는 이제 망했다. 나는 입술이 더러운 사람이다. 입술이 더러운 백성 가운데 살면서 임금이신 만군의 주님을 내 눈으로 뵙다니!"(이사 6,5)라고 고백한 것은 하느님 앞에서 자신의 연약함으로 인해 침묵할 수밖에 없음을 보여 주는 대목이다.

침묵기도에서 주의할 점은, 침묵을 위한 침묵은 의미가 없고, 침묵을 통하여 하느님의 뜻을 찾을 때만 의미가 있다는 것이다. 그래서 얼마나 오래, 또 자주 침묵했는지에 초점을 맞추지 말아야 한다. 친한 관계일수록 장황한 말이나 설명이 필요 없다. 그러므로, 무언의 언어로 마음이 통하는 단계가 된다면 깊은 침묵에 도달한 것이다.

또한 침묵 자체는 지루한 일이기 때문에 침묵을 유지하려다가 잠이 드는 경우도 많다. 물론 기도하다가 잠이 드는 것은 문제가 되지 않는다. 하느님 안에서 쉬는 것이기 때문이다. 그래서 어떤 성인은 "만일 기도하다가 자신도 모르게 잠이 들면, 하느님에게 감사하라."라고 말했다. 육신이 피곤할 때에는 충분한 휴식을 취한 후 맑은 정신으로 침묵기도를 하는 것이 좋다.

하루 중 자투리 시간을 이용하여 잠시 침묵을 유지하는 연습을 하는 것도 좋다. 조용한 공원을 산책하거나 자연에 머물면서 침묵의 시간을 보내는 것도 한 방법이다. 기도하는 사람은 말이 많은 사람이 아니라, 침묵을 즐길 줄 아는 사람이다.

방언기도

방언方言기도는 성령이 우리의 입술을 통하여 말씀하시는 영적 언어다. "내가 인간의 여러 언어와 천사의 언어로 말한다 하여도 나에게 사랑이 없으면 나는 요란한 징이나 소란한 꽹과리에 지나지 않습니다."(1코린 13,1)라는 바오로 사도의 말처럼, 방언에는 '인간의 여러 언어'와 '천사의 언어'라는 두 가지 종류가 있다. 여기서 인간의 언어란 자기가 알지 못하는 지역의 사투리[30]로 말하거나 갑자기 외국어로 말하는 것을 뜻한다. 이것은 사도행전 2장에서 찾아볼 수 있는데,[31] 사도들이 방언으로 말하면 모든 사람이 자신이 태어난 지방의 말로 들을 수 있었다.[32] 반면 천사의 언어는 "신령한 언어로 말하는 이는 사람들이 아니라 하느님께 말씀드립니다. 사람은 아무도 알아듣지 못하기 때문입니다. 그는 성령으로 신비를 말하는 것입니다."(1코린 14,2)에서 근원을 찾을 수 있다. 방언하는 사람은 자기가 무슨 말을 하는지 알지 못하기에, 듣는 사람 중에 통역자가 있는 경우에 다른 사람이 알아들을 수 있는 말로 바꾸어 메시지를 전달하게 된다. 방언기도는 하느님과 깊이 사귈 수 있도록 도와주는 아름다운 선물이다.[33]

방언은 성령의 은사 중 하나이기도 하다. 그러나 방언이

영적 성숙을 의미하는 표시는 아니다.[34] 이와 마찬가지로 치유의 은사, 예언의 은사가 영적 우월감을 뜻하는 것도 아니다. 은사는 개인의 영광을 위한 것이 아니라 교회 공동체의 선善을 위해 주어진 도구이기 때문에 반드시 열매로 식별되어야 한다. 만약 방언기도를 한다고 해서 그것을 자랑거리로 삼아서는 안 될 것이고, 만약 방언기도를 못한다 해도 부끄러워할 필요는 없다. 이미 우리는 저마다 자기 나라와 지역의 말로 하느님에게 기도하고 있기 때문이다. 다만 방언의 은사를 받은 사람이 깊이 있는 기도 생활을 발전시킴으로써 하느님에게 봉사하는 성숙한 모습을 가질 수 있다면 공동체를 위한 좋은 모범이 될 것이다.

예수기도

예수기도[35]는 동방 정교회에서 가장 보편화되어 있는 짧은 기도다.[36] 예수님이 직접 가르쳐 주신 기도는 아니지만 예수님의 이름을 부르는 기도이기에 '예수기도'라고 하는데, 이 기도의 표준 형태는 "주 예수 그리스도 하느님의 아들이시여, 이 죄인에게 자비를 베풀어 주소서."이다. 그리고 "하느님의 아들 주 예수 그리스도님, 저를 불쌍히 여기소서.", "예수 그리스도님, 저를 용서하소서.", "주 예수님, 저를 도와주소서." 등으로 상황에 맞게 변화를 주며, 들숨과 날숨에 맞추어 긴 호흡으로 천천히 기도를 한다. 곧 예수기도를 통하여 예수님을 내 안에 모시고, 그분이 내 안에서 기도하시도록 예수님과 하나 되어 호흡하는 것이다.[37]

이 기도의 목적은 바오로 사도의 권고처럼 "끊임없이 기도"(1테살 5,17) 하고 "희망 속에 기뻐하고 환난 중에 인내하며 기도에 전념"(로마 12,12) 하는 것이다. 이는 예리코 근처의 길가에 있던 어느 눈먼 이의 "예수님, 다윗의 자손이시여, 저에게 자비를 베풀어 주십시오."(루카 18,38)라는 부르짖음과 죄 많은 세리의 "오, 하느님! 이 죄인을 불쌍히 여겨 주십시오."(루카 18,13) 하는 호소와 나병 환자 열 사람의 "예수님, 스승님! 저희에게 자비를 베풀어 주십시오."(루카 17,13)라는 외침에 근거한다.

화살기도

화살기도는 화살이 날아가는 순간처럼 짧은 순간에 간략하게 바치는 기도다. 예를 들어, "주님, 감사합니다.", "저 아픈 사람을 도와주십시오.", "주님, 오늘 하루도 안전 운전할 수 있게 도와주십시오.", "하느님께 영광!"이라고 하며 기도드리는 것이다.[38] "주님, …… 제 입의 말씀과 제 마음의 생각이 당신 마음에 들게 하소서."(시편 19,15)와 "주님, 제가 다시 볼 수 있게 해 주십시오."(루카 18,41)처럼 기도 중에 어떤 느낌

이나 깨달음 또는 마음에 와 닿는 성경 구절이 온종일 마음속에 울려 퍼지도록 의식적인 노력을 하는 것도 좋은 화살기도다. 화살기도는 꺼져 가는 장작더미에 다시 불을 일으키는 불쏘시개처럼 뜨거운 마음을 간직하는 데 큰 도움이 된다. 그래서 가톨릭 4대 교부로 유명한 아우구스티노 성인[39]은 "화살기도는 우리의 사랑을 하느님에게 신속히 전달하는 가장 충실한 전령이다."라고 했다. 돈 보스코 성인도 "화살기도는 우리 영혼의 적敵, 유혹과 악습을 일거에 물리치는 불에 달군 화살이다."라고 했다.

무엇보다 화살기도는 무슨 일이든 기도 속에서 할 수 있게 해 준다. 세수를 하거나, 음식을 먹거나, 화장실에 가거나, 차를 타고 가거나, 걸어가거나, 전화를 하거나, 문자 메시지를 보내는 등 어떤 상황에서라도 할 수 있는 것이 화살기도이기 때문이다.

하지만 화살기도만으로 기도 생활을 대체할 수는 없다. 규칙적인 기도 시간을 가지는 사람이 화살기도를 함께 사용할 때 풍성한 기도의 열매를 맺는 것이지, 화살기도에만 의존하는 사람은 부족한 기도 생활을 하는 것이다. 그럼에도 불구하고 화살기도가 일상 안에서 주님과 늘 대화하는 좋은 습관임에는 틀림없다.

성체 조배

성체 조배聖體朝拜[40]는 '성체 안의 예수님에게 드리는 경배'라고 할 수 있다. 이른 아침부터 늦은 밤까지 어느 시간이든 성체가 모셔진 곳에서 특별한 존경을 드리며 대화한다면 이 기도에 해당한다. 교회는 신자들이 성당에 와서 감실에 모셔진 성체 앞에 무릎을 꿇고 성체 조배를 함으로써 성체에 현존하시는 그리스도에게 흠숭과 사랑을 표현하고 성체의 신비를 더욱 깊이 깨닫기를 바란다. 이는 공동 전례 시간 이외에 성체 안에 계신 예수님을 만나기 위함이다. 성전 안에 감실을 두는 이유 중 하나도 바로 신자들의 성체 조배를 위해서다. 알퐁소 성인은 "종일토록 다른 선행을 하는 것보다 성체 앞에서 15분 기도하는 것이 더 큰 가치가 있다."라고 하였다. 우리 곁에 현존하시는 예수 그리스도의 삶을 묵상하며 대화하고, 기도하며, 봉헌하는 행위는 우리를 구원해 주신 하느님의 계획을 깨닫는 좋은 길이기 때문이다.

성시간聖時間은 성체 안에 현존하고 계신 그리스도를 공경하는 시간이다. 성시간의 목적은 세상의 죄, 특히 인류를 사랑하시는 하느님의 사랑과 은혜를 저버린 인류와 우리 자신의

죄를 보속함으로써, 죄인들의 회개와 구원을 위한 자비를 간구하려는 것이다. 동시에, 겟세마니 동산에서 인간에게 배반의 아픔을 느꼈던 예수님의 마음을 느끼려는 데에 있다. 성시간은 예수 그리스도가 인류 구원 사업을 위한 수난을 겪기 전날 밤에 겟세마니 동산으로 가서 제자들에게 "내 마음이 너무 괴로워 죽을 지경이다. 너희는 여기에 남아서 나와 함께 깨어 있어라."(마태 26,38) 하신 말씀에서 비롯된다. 그런 다음 예수님은 혼자 조용히 기도하셨다. 그러고 나서 돌아와 제자들이 자고 있는 것을 보시고는 베드로에게 다음과 같이 말씀하였다. "이렇게 너희는 나와 함께 한 시간도 깨어 있을 수 없더란 말이냐?"(마태 26,40)

삼종기도

삼종三鐘기도[41]는 라틴어로 '안젤루스Angelus'라고 하는데, 이는 라틴어 삼종기도의 첫 단어가 '천사'라는 뜻의 '안젤루스'이기 때문이다.[42] 천사 가브리엘이 성모 마리아에게 알려준 예수님의 잉태와 강생의 신비를 기념하기 위하여 하루에 세 번 바치는 기도다. 이 기도를 바치라는 표시로 아침 여섯

시, 정오, 저녁 여섯 시에 종을 세 번씩 치는데, 이 종소리를 듣고 바치는 기도라 해서 삼종기도라고 한다. 19세기 화가 밀레의 대표작 가운데 하나인 〈만종晩鐘〉은 저녁 삼종기도를

바치고 있는 농부들의 모습을 그린 것이다. 밭에서 일을 끝낸 부부가 종이 울리는 가운데 기도를 바치고 있는 모습을 담은 이 그림은, 단순히 노동의 의미뿐만 아니라 진정한 삶의 의미도 함께 전하고 있다. 삼종기도는 이처럼 미술 작품의 소재가 될 정도로 그리스도교 문화에서는 일상화된 기도였다.

삼종기도에는 평상시에 바치는 삼종기도와 부활 시기에 바치는 부활 삼종기도 두 가지가 있다. 평시의 삼종기도는 무릎을 꿇고 바치는데, 주일에는 기쁨을 표시하는 뜻에서 일어서서 바친다. 그리고 부활 삼종기도는 기쁨을 표현하는 의미에서 항상 일어서서 바친다.

삼종기도는 일상생활에서 하느님을 가까이 느낄 수 있는 교회의 아름다운 전통이다. 직장에서, 가정에서, 학교에서 각자 편안한 시간을 정해 삼종기도를 바친다면 좋을 것이다.

묵주기도

묵주[43]기도를 '로사리오Rosario'라고 하는데, 로사리오라는 말은 장미 꽃다발花冠을 뜻한다. 곧 묵주기도란 예수 그리스도의 구원의 신비 속에서 성모 마리아에게 드리는 장미 꽃다

발이다. 초기 그리스도교 신자들은 하느님에게 기도 대신 장미꽃을 바치곤 했다. 특히 순교 때 머리에 장미꽃으로 엮은 관을 썼다. 화관이 하느님을 뵙고 자신을 하느님에게 바치겠다는 뜻을 드러내는 예모禮貌라고 생각했기 때문이다. 그래서 신자들은 밤중에 몰래 순교자들이 썼던 장미 화관을 한데 모아 놓고, 각각의 꽃송이마다 기도를 한 가지씩 올리곤 했다.

이집트 사막의 은수자들은 작은 돌멩이나 곡식 낟알을 둥글게 엮어 하나씩 굴리면서 기도의 횟수를 세곤 했다. 그들은 죽은 이들을 위해 시편 50편이나 100편을 외웠는데, 글을 모르는 사람은 시편 대신 그만큼의 '주님의 기도'를 바쳤다. 이때 기도의 횟수를 세기가 불편했으므로 나무의 열매나 구슬 150개를 끈이나 가는 줄에 꿰어 사용했다.

그런데 12세기에 이르러 삼종기도가 널리 보급되고 마리아에 대한 신심도 깊어지자, 위와 같은 방식으로 '주님의 기도' 대신 '성모송'을 50번이나 150번 바쳤다. 그러다가 좀 더 큰 열매나 구슬을 사용하여 열 번째마다 표시를 해 두고는 시편의 후렴처럼 '주님의 기도'를 바쳤다. 뿐만 아니라 성모님의 다섯 가지 기쁨, 즉 성모 영보(주님 탄생 예고), 예수 성탄, 예

수 부활, 예수 승천, 성모 승천 등과 관련지어 묵상하기 시작했다. 나중에는 성모 칠락七樂을 묵상했고, 열다섯 가지 기쁨을 묵상하기도 했다.

그러다가 13세기에는 '영광송'이 삽입되었다. '성모송' 열 번마다 '영광송'을 한 번 했는데, 이는 시간 전례에서 시편을 외울 때마다 '영광송'을 하는 것을 본뜬 것이다.

묵주기도는 성모 마리아를 통하여 예수 그리스도의 구원의 신비를 묵상한다.[44] 이 신심이 본격적으로 전파된 것은 1830년 성모님이 발현하시어 이 기도를 열심히 바칠 것을 호소하면서부터다. 이는 언제 어디서라도 바칠 수 있는 대표적인 기도다.[45]

십자가의 길

예수 그리스도가 사형 선고를 받으신 후 십자가를 지고 골고타 언덕에 이르기까지 일어났던 열네 가지의 중요한 사건을, 성화나 조각으로 표현하여 축성된 십자가와 함께 성당 양쪽 벽에 걸어둔 것을 14처라고 한다. 십자가의 길[46]은 14처를 하나하나 지나가면서 예수 그리스도의 수난과 죽음을 묵상하며 바치는 기도다.

이것은 초대 교회 시대에 예루살렘을 순례하던 순례자들이 실제로 빌라도 관저에서 골고타 언덕까지 걸으면서 기도를 드린 일에서 유래한다. 이 기도는 특히 프란치스코 수도회에 의해 널리 전파되었다. 19세기에 이르러 십자가의 길은 전 세계에 퍼져 예수님의 수난을 묵상하는 가장 좋은 기도로 여겨졌고, 이후로 특별히 사순 시기에 널리 행해지게 되었다. 성당이나 그 밖의 공적인 기도 장소에서 개별적으로 혹은 사제와 함께 단체로 행해진다. 각 처마다 정해진 기도문과 함께 '주님의 기도', '성모송', '영광송'을 외며 묵상한다. 14처는 다음과 같다.

제1처: 예수님께서 사형 선고 받으심을 묵상합시다.
제2처: 예수님께서 십자가 지심을 묵상합시다.
제3처: 예수님께서 기력이 떨어져 넘어지심을 묵상합시다.
제4처: 예수님께서 성모님을 만나심을 묵상합시다.
제5처: 시몬이 예수님을 도와 십자가 짐을 묵상합시다.

B. 어떤 기도가 있는가? 111

제6처: 베로니카, 수건으로 예수님의 얼굴을 닦아 드림을 묵상합시다.

제7처: 기력이 다하신 예수님께서 두 번째 넘어지심을 묵상합시다.

제8처: 예수님께서 예루살렘 부인들을 위로하심을 묵상합시다.

제9처: 예수님께서 세 번째 넘어지심을 묵상합시다.

제10처: 예수님께서 옷 벗김 당하심을 묵상합시다.

제11처: 예수님께서 십자가에 못 박히심을 묵상합시다.

제12처: 예수님께서 십자가 위에서 돌아가심을 묵상합시다.

제13처: 제자들이 예수님 시신을 십자가에서 내림을 묵상합시다.

제14처: 예수님께서 무덤에 묻히심을 묵상합시다.

파스카의 신비를 생각하여 15처에서 예수님의 부활 장면을 묵상하기도 한다.

ⓒ 특별한 기도

관상기도

관상기도를 알기 위해 먼저 기도의 형식을 알아보자. 기도의 형식에는 구송口誦기도, 묵상默想기도, 관상觀想기도 세 가지가 있다.

첫째, 구송기도[47]는 마음속의 생각과 감정을 하느님에게 표현하기 위해 소리를 내어 하는 기도다. '주님의 기도', '삼종기도', '시간 전례', '묵주기도' 등 정해진 기도문을 혼자 또는 공동으로 바치는 기도가 이에 해당한다. 이 기도에서 바치는 '소리'는 그저 스쳐 지나가는 소리가 아니라, 하느님에게 건네는 '말'이며, 그 말은 인격의 표현이기도 하다. 따라서 정성을 다해 온 마음으로 바쳐야 한다.

둘째, 묵상기도[48]는 침묵[49] 가운데 하느님의 말씀을 듣고 그 뜻을 새기며 마음으로 바치는 기도를 말한다. "묵상기도는 사고력, 상상력, 감정, 의욕을 동원하는 탐색적인 기도다. 묵상의 목적은 삶의 현실에 비추어 고찰한 주제를 신앙을 통해 우리 것으로 만드는 것이다."(《가톨릭 교회 교리서》 2723항) 특

히 이 기도는 하느님이 내 앞에 현존해 계신다는 마음으로, 자신의 영적인 상황을 관찰하고, 주님의 말씀을 깊이 생각하고 반성하면서, 감사하는 마음으로 새로운 결심을 세우게 한다. 이때의 묵상 자료는 대자연, 성경 구절, 신심 서적, 성화 상聖畫像, 교회의 가르침 등이다.

셋째, 예수의 데레사 성녀는 관상기도를 "우리를 사랑하시는 하느님과 자주 단둘이 지냄으로써 친밀한 우정의 관계를 맺는 것"이라고 말했다. 즉 관상기도란 '그저 바라보고만 있어도 좋은 상태'라고 할 수 있다. 이는 침묵 가운데 주님에게 시선을 고정하는 '바라봄'이고, 우리 내면에서 말씀하시는 주님의 말씀을 귀 기울여 '들음'이며, 자신을 완전히 비워 하느님과 일치하는 '비움'과 '일치'의 기도다. 즉 관상기도는 인간의 이성을 사용하여 하느님에게 간청하기보다는 '그분 안에서 쉼'을 거쳐 그분과의 일치에 이르러 우리를 찾아오시는 주님에게 마음을 비우고 '수동적'인 자세로 기도하는 것이다.

관상기도는 일반적으로 봉쇄 수도회 수도자들만의 기도로 알려져 있거나, 혹은 뉴에이지 운동[30]과 혼동되어 개신교 일각으로부터 비판을 받기도 한다. 그러나 관상기도를 제대로 이해한다면 그리스도교의 신앙과 기도를 총체적으로 이해할 수 있고, 그것이 비판의 대상이 될 수 없는 이유를 알게 될 것이다. 이런 의미에서 관상기도를 다른 기도보다 좀 더 상세히 소개하려 한다.

b. 관상기도

'관상觀想'은 말 그대로 '상想을 바라보는 것'이다. 이 말의 어원은 라틴어 '콘템플라시오contemplatio'인데, '하느님의 뜻과 현존을 함께하기 위해 내면을 바라보는 것'이라는 의미가 있다. 콘템플라시오에 해당하는 그리스어가 '테오리아θεωρια'인데, 그리스 철학자들은 테오리아를 진리를 탐구하는 최고의 활동으로 간주해 왔다. 그래서 하느님과 하나 되는 직접적인 경험을 '테오로기아θεολογια'라고 했고, 그것이 현대의 영어에서는 '신학theology'이 되었다. 이런 어원으로 볼 때, 관상이란 사고에 의한 분석이라기보다 하느님의 함께하심에 대한 체험과 연관이 있다. 그래서 '관상기도'는 하느님과의 일치와 친교를 지향하는 기도라고 할 수 있고, '관상'은 기도를 통하여 그러한 상태에 머물러 있는 것을 말한다.

물론 이런 관상의 상태가 되기 위한 방법이 한두 가지만 있는 것은 아니다. 하느님은 우리에게 먼저 다가오는 분이시기에 모든 기도가 다 하느님과 하나가 될 수 있기 때문이다. 그러나 그분을 제대로 알아뵙기 위해서는 자신의 의지와 노력이 점점 비워져야 하는 단계를 거쳐야 한다.

전통적으로 기도의 성격을 세 부분으로 분류하기도 한다. 첫째는 자신의 의지와 노력이 많이 들어가는 준비기도의 성격을 가졌으며, 말하는 기도의 단계인 '능동기도', 둘째는 깨달음의 과정으로서 내면으로 듣는 능력이 커지는 단계인 '능동과 수동기도',[51] 셋째는 영적인 눈으로 하느님을 바라보는 관상의 단계인 '수동기도'다. 여기서 '수동'이란 말은 자신이 아무것도 하지 않거나 소극적으로 활동한다는 뜻이 아니라, 하느님의 이끌림에 자신을 비우고 맡긴다는 적극적인 의미다. 곧 어떤 처지나 상황도 받아들이며, 그 안에서 하느님의 현존에 이끌려 가는 단계가 관상이다.

그리스도인의 보편적 성소인 관상

관상은 어느 한순간 어떤 특정 기도문이나 방법을 통하여 행하는 기도가 아니라, 기도가 궁극적으로 다다르는 경지나 상태라 할 수 있다. 그래서 "어떤 자세로, 어떤 기도를, 얼마나 바치면 관상기도를 하는 건가요?"라고 묻는 것은 잘못된 질문이다. 관상기도에는 그야말로 왕도가 없기 때문이다. 따라서 성숙한 영적 지도자의 도움이 필요하다. 또한 관상기도는 관상 생활과 밀접한 관계를 가진다. 그래서인지 관상기도는 수도자들에게만 허락된 성소로 잘못 알려져 있다.

그러나 '제2차 바티칸 공의회'는 모든 신앙인들이 관상의 부름을 받는다고 선언했다. 이는 사회 안에서 활동을 하는 신앙인들도 자신의 고유한 성소 안에서 고유한 방법으로 은총과 협력하며 성인의 삶을 살도록 초대되었기 때문이다. 따라서 그리스도와 함께 하느님 안에서, 오직 하느님을 모든 것에 앞서 찾으며 마음을 하느님에게 일치시키는 삶을 산다면 그것이 바로 관상 생활이다.

이런 맥락에서 그리스도인의 삶에는 반드시 관상적 요소가 있어야 한다. 신앙인이라면 하느님의 계시와 말씀과 뜻을 자신의 삶에서 인식하고 생활화하기 위해 기도하고, 믿음·희망·사랑의 덕으로 이루어진 삶을 실천해야 하기 때문이다. 성경을 묵상하고 전례에 참여하며, 성령의 활동을 예민하게 인지해 받아들이고, 그리스도의 마음이 자신의 마음이 되도록 노력하는 모든 활동이 관상적 요소를 포함하는 것이다. 더불어 그리스도의 십자가에 동참하기 위해 고통의 가치를 인정하고 주어진 환경에 순응하며, 그리스도와의 일치로 일상적 삶을 승화시키는 모든 일도 관상으로 이해할 수 있다.

초기 수도회 전통인 관상

여기에서는 일부 사람들에게 마치 무슨 특별한 매뉴얼이나 비법처럼 인식되는 관상기도에 대한 이해를 돕고자 한다.

개신교의 일부 신학자들은 관상기도가 성경 말씀이나 예수님과 무관한 것이라며 뉴에이지 운동의 일종으로 악령이 깃들 수 있는 위험한 기도라고 주장하기도 한다. 그들은 관상기도의 기원을 사막의 교부와 은수자들에게서 찾는다. 최근의 기도 열풍도 선불교와 접촉한 가톨릭 수도원이 근원지이고, 종교 다원주의[52] 차원에서 혼합된 수련의 한 방법이라는 것이다.

그러나 성경에서 성령의 활동과 기도가 아주 중요한 자리를 차지한다. 성령의 활동과 그에 대한 전적인 순응에 관상의 핵심이 있으므로, 관상기도가 성경에 근거를 두지 않았다는 것은 잘못된 주장이다. 관상은 성경에서 기원해, 이교 사상으로 혼란했던 초대 교회 시대에 그리스도교 신앙의 핵심을 지키려는 목적으로 시작되었다. 세속을 떠나 기도에 전념하면서 그리스도와 매우 긴밀한 일치를 이루려는 수도자들이 수덕 생활을 선택했고, 그것이 점차 공동생활로 발전하면서 관상기도에 전념하는 수도회가 자연스럽게 형성된 것이다.

초대 교회 시대부터 현대에 이르기까지 관상 생활의 바탕은 그리스도가 주신 계명, 즉 하느님 사랑과 이웃 사랑의 실천이었다(요한 13,34-35; 15,12 참조). 이들이 극심한 고행이나 자학적 극기 같은 인간의 노력으로만 완덕에 이르려 했던 것은 아니었다. 수도자들은 공동기도, 성경 연구, 노동, 완화된 수덕 행위와 활동을 조화롭게 병행하며 하느님의 활동을 느끼고 실천했다. 철저하게 성경 중심적이며 성령에게 순응하는 그들의 삶에서 활동과 기도는 분리되지 않았다. 그렇기 때문에 성경과의 비연속성을 제시하며 관상을 그리스도교의 이단적 사상이라고 주장하는 것은 잘못된 것이다.

여러 수도회의 관상

서로 다른 수도회에서 관상기도와 관련한 피정 지도를 받은 신자들이 수련 방법을 둘러싸고 시시비비를 논하는 것을 볼 때가 있다. 그럴 때마다 그들이 과연 관상기도를 제대로 배우고 왔는지 궁금하고는 했다. 관상은 위에서 말한 것처럼 성령과 일치된 삶을 구현하려는 기도이기에 그 방법의 우위를 논할 수 없다. 고유한 역사를 가진 각각의 수도회는 여러 영성가들의 체험에 기초하여 그에 맞는 관상기도의 길을 제시한 것이며, 교회는 그 다양성을 전통 안에 흡수해 영적 풍요를 함께 나누는 것이다.

교회 안에는 많은 수도회가 있다. 그들은 각자 자신들만의 고유한 영성을 간직하며, 가톨릭교회 안의 다양성 속에서 일치를 이룬다. 수도회의 관상은 영성과 밀접한 관계를 갖는데, 대표적인 몇몇 수도회의 영성과 고유한 특성을 짧게나마 소개하여 신자들의 이해를 넓히고자 한다. 우리 교회가 지닌 다양하고 풍요로운 영적 전통의 가치를 인식하는 데 도움이 되기를 바란다.

베네딕도회

베네딕도[53] 수도회에서 기도란 하느님과 인간 사이에 이루어지는 인격적 대화다. 그러나 그들은 하느님이 먼저 말씀하시고 기도자는 듣는다는 점을 분명하게 말한다. 베네딕도회의 영성은 '렉시오 디비나lectio divina'에서 분명히 드러난다. 베네딕도 수도회로부터 전해진 렉시오 디비나는 영적 독서, 성경 독서, 성독聖讀, 말씀 묵상기도, 거룩한 독서 등으로 다양하게 번역된다. 어원적으로 '렉시오 디비나'는 라틴어의 '독서lectio'와 '신적인divina'의 합성어다.

베네딕도 수도회의 렉시오 디비나는 상상력이나 지적 능력을 적극적으로 사용하는 것을 지양한다. 오히려 성경 말씀을 통하여 하느님을 마음 깊이 경험하고 그분의 현존 안에 머물게 하는 영성 훈련 방법이 특징이다.

베네딕도 수도회의 렉시오 디비나는 네 단계로 구성된다. 성경 말씀을 읽는 '독서lectio'와 이에 대한 '묵상meditatio'으로부터 자발적인 '기도oratio'에 점진적으로 이르게 되고, 마침내 사랑 안에서 하느님의 현존에 대한 경험인 '관상contemplatio'에 이르는 것이다.

첫 단계인 '독서'는 개인적이거나 학문적으로 연구하는 차원이 아니다. 성경에 모든 관심을 집중하여 눈으로는 성경 본문을 보고, 입으로는 소리를 내어 읽으며, 귀로는 듣고, 마음으로는 그 뜻을 새기는 전인적인 독서를 말한다. '우리 자신을 성경 아래에 놓고 그것이 우리를 해석하게 하는 방식'의 독서인 것이다. 마치 포도알을 입에 넣듯 단순하게 읽으며 성령의 빛으로 행하는 기도로서의 독서다.

둘째 단계인 '묵상'은 추리나 상상이 아닌 '단순하고 순수한 마음으로 지속해서 성경 말씀을 되뇌는 것'이다. 초대 교회로부터 계속 이어져 왔고, 중세 수도자들이 했던 것처럼 성경 말씀의 한 부분을 온전히 자기 것이 되도록 끊임없이 되새기고 맛봐야 한다. 입에 넣은 포도알을 씹듯이 마음에 와 닿은 구절이나 단어를 반추하여 마음에 되새기는 과정인 것이다. 이처럼 베네딕도 수도회의 렉시오 디비나에서 독서와 묵상은, 오감과 이성을 사용하여 하느님의 말씀을 듣는 단계에 해당한다.

셋째 단계인 '기도'는 온 힘을 다해서 자신의 마음을 하느님에게 들어 올리고 하느님의 현존 안에 머무는 관상의 감미로움을 청하는 단계다. 이 과정에서는 하느님이 활동하실 길을 준비하면서 마음을 끊임없이 그분에게 열고 맡기는 노력이 필요하다. 그러기 위해서는 가나안 여인의 믿음처럼 자신

을 더욱 철저히 비워야만 한다.[54]

　마지막으로 '관상'은 묵상과 기도를 거쳐 직접 하느님을 경험하는 단계다. 간절히 기도하는 사람들의 갈증 못지않게 하느님도 애타는 마음으로 우리에게 다가오신다고 할 수 있다. 이 단계는 앞의 세 단계와 달리 인간이 할 수 있거나 해야 하는 역할이 없다. 즉, 전적으로 하느님이 오시고 일하시는 것이 중심이 되는 과정이다. 우리는 그렇게 하느님을 체험하게 되고, 비로소 그분의 거룩한 삶과 우리가 일치하게 된다. 이렇듯 베네딕도회의 영성에서, 관상은 성경에 근거하여 계시와 구원의 빛으로 역사 안에서 활동하시는 하느님의 계획을 보는 것을 목표로 한다. 이런 면에서 성령의 선물인 관상은 정신과 마음을 하느님에게 고정하고 그분과 일치하려는 노력이라고 할 수 있다.

프란치스코회

　프란치스코[55] 수도회의 관상 방법은, 지상의 것을 멀리하고 천상의 것을 찾으며 살아 계신 참하느님을 깨끗한 마음과 정신으로 바라보는 일이라고 요약할 수 있다. 철저하게 성령의 움직임에 내맡기는 것을 강조하는 프란치스코 수도회의 관상은 복잡하거나 이론적이지 않다. 그래서 비교적 자유로울 뿐만 아니라 방법을 제한하지 않는 넓은 지평에서 다양한 방법으로 관상할 수 있다는 특징도 동시에 지닌다. 아시시의 프란치스코 성인의 삶처럼, 기도를 삶과 분리하지 않고 구체적이고 평범한 일상으로 확장하면서 심화시키는 관상이라고 할 수 있다.

다음은 아시시의 프란치스코 성인이 쓴 〈형제의 편지〉의 한 구절이다. "내적으로 깨끗해지고 내적으로 빛을 받고 성령의 불에 타올라 당신의 사랑하시는 아드님, 우리 주 예수 그리스도의 발자취를 따를 수 있게 하시고, 지극히 높으신 당신께 오로지 당신의 은총으로만 이르게 하소서." 여기서 언급된 깨끗해지고, 빛을 받고, 성령의 불에 타오른 영혼은 전통적으로 기도의 단계로 알려진 정화, 조명, 일치와 같은 맥락에 있다.

우선, '정화기淨化期'에 해당되는 시기에 사람의 심연에 존재하는 영은 주님의 거룩한 활동을 통하여 거룩한 영이 된다. 이 상태의 사람은 자아나 자기중심적 판단, 인간적 지혜, 창조물, 사물과 사람 등 지상적인 모든 실재를 멀리(멸시)하게 된다. 철저한 수동성을 강조하는 프란치스코회의 견지에서 보면, 지상적인 것을 멀리하는 것은 인간의 능동적인 노력으로 이루어지는 것이 아니라 철저히 성령이 활동한 결과다.

정화기를 통하여 지상적이고 육적인 것으로부터 정화된 마음은 이제, 주님의 영이 저절로 비추어지는 '조명기照明期'에 접어든다. 이 시기에는 주님 영의 조명을 통하여 마음 깊은 곳에 존재하는 영이 점차 삼위일체 하느님의 거처가 되어 간다. 성령의 작용으로 이 시기에 들어선 영혼에는 성령을 통하여 비춰지는 덕德으로서 겸손, 인내, 참된 평화 등 하느님의 신비가 작용한다. 조명기에 인간의 영은 천상의 것을 찾게 되지만 이 역시 하느님의 영이 인간 안에서 활동하여 인간을 움직이시는 것이다. 즉, 천상의 것을 찾는 주체는 인간의 의지가 아니라 성령이다.

더 나아가 '일치기一致期'에는 하느님의 신비가 영혼에 비치고 하느님의 신비를 바라보는, 단 한 가지 일만 일어난다. 이는 인간이 살아 계신 참하느님을 깨끗한 마음으로 바라보는 일을 멈추지 않고, 주님의 영이 주체가 되어 마음이 깨끗한 사람으로서 관상하는 단계다.

바라봄을 강조하는 프란치스코회의 관상은, 하느님의 신비를 받아들이고, 깨닫고, 믿는 행위를 말한다. 즉, 모든 인간에게 존재론적으로 주어진 영적인 감각을 통하여 우주 안에 보편적으로 현존하시는 하느님의 신비를 바라보고, 깨닫고, 믿는 것이 관상이라고 말한다.

예수회

'영신 수련'으로 유명한 예수회의 관상은 이냐시오 데 로욜라[56] 성인의 체험을 바탕으로 구성되어 있다. 예수회의 창시자 이냐시오 데 로욜라 성인의 삶은 '끊임없는 기도'라고 할 수 있다. 성인에게 끊임없는 기도란, 므든 것 안에서 모든 것과 더불어 하느님에게 매료되어 있다는 것, 그리고 하느님에게 마음을 두는 것을 의미한다.

이냐시오 데 로욜라 성인은 '모든 것 안에서 하느님을 찾고 발견한다'는 관상의 차원에서 이 끊임없는 기도를 현실에서 실행한다. 성인의 말에 의하면 말할 때나 걸을 때나 생각할 때나 보고 듣고 맛보고 행동하는 등 그 모든 것에서 하느님의 현존을 찾도록 노력해야 한다. 이런 훈련은 짧은 기도 가운데서도 주님의 방문을 수반하거나, 주님의 방문을 위해 우리가 준비하게 한다.

영신 수련의 특징은, 성경의 말씀이나 장면을 자신의 삶의 문제와 연관하여 살펴보는 작업을 통하여 하느님을 향한 투신으로 이끈다는 점이다. 이때 이냐시오식 관상은 기억력, 지력, 상상력, 그리고 감정을 모두 활용한다. 이 점이 베네딕도 수도회의 렉시오 디비나나 프란치스코회의 철저히 수동적인 관상과 다른 점이다.

영신 수련의 기도 방법은 하나의 준비기도와 하나의 담화와, 세 개의 길잡이, 세 개의 요점으로 구성된다. 잘 알려진 것처럼 예수회의 영신 수련은 지도자와 함께 진행되며 대략 4주간, 30일에 걸친 여정으로 구성된다. 4주 동안 죄의 묵상, 그리스도 왕국 묵상, 강생 묵상, 두 개의 깃발 묵상, 하느님의 사랑을 얻기 위한 관상 등이 예수회의 관상이 지닌 고유하고 독특한 틀 안에서 전개된다.

영신 수련의 목적은 영혼의 내적 쇄신과, 쇄신이 불러오는 하느님을 향한 더 깊은 투신에 있다. 즉, 하느님이 내려 주시는 진리의 빛에 입각하여 자신의 삶을 돌아보고 새롭게 하는 구원의 체험을 하는 데 목적이 있는 것이다. 나아가 구원자이신 하느님의 구원 사업에 몰입하면서 나 자신도 하느님이 마련하신 구원 사업의 도구임을 깨달아. 구원의 역사에 놓인 자신이 올바른 자리로 돌아가 자신의 사명에 전념하도록 하는 데 그 목적이 있다.

즉, 예수회의 관상은 개인적인 수련을 통하여 객관적인 차원의 구원에 대한 진리를 깨닫고, 구원 사업의 도구인 사도적 영성으로까지 나아가는 관상이라고 정리할 수 있다.

트라피스트회

향심向心 기도는, 자기를 부정하고 세속과 차단된, 생존이 힘든 상황에서 하느님만을 추구했던 광야의 은수자에 뿌리를 둔다. 중세에 《무지의 구름》을 쓴 영국의 익명의 신비가가 '부정의 기도 수행by way of denial'[57]을 정리했다. 이는 우리가 아는 모든 것을 부정하는 방법을 통하여 하느님의 사랑만을 중심에 남겨 두는 태도다. 이런 전통은 트라피스트회의 토마스 머튼[58]과 토마스 키팅 신부에 의해 확산되었다.

현대에는 세 가지 차원의 전통이 통합되어 정리된다. 첫째는 관상 수도회에서 가톨릭의 전통적인 수덕 신비적인 영성이 계속되고 있다. 둘째는 불교, 도교, 힌두교의 영성과 그리스도교의 영성이 교류하면서 동양의 비움과 무無에 대한 수행법이 서양식으로 소화되고 있다. 셋째는 심리 치료의 발전으로 인간에 대한 이해가 깊어지면서 인간이 죄를 지은 경험과 무의식적인 억압에 대한 정신 분석적인 이해가 기도 생활에 영향을 미치고 있다.

이렇게 향심기도의 전통이 여러 분야와 교류하며 발전하고 있지만 '교황청 종교간 대화 평의회' 의장이었던 발터 카스퍼 추기경의 염려대로, 구원자이신 예수 그리스도에 대한 신앙을 고백하지 않는 이들과 무분별하게 '함께' 기도할 수는 없다는 사실도 분명히 인식해야 한다.

그러나 자아 세계를 정리하고 재확립하는 데에는 비움의 영성 중 하나인 향심기도[59]가 도움이 될 수 있다. 향심기도는 하느님과의 친밀한 관계를 추구하며 그 관계가 계속해서 자기 자신 안에 살아 있게 하기 위해, 우리가 무엇을 노력하기보다는 하느님의 현존과 활동에 동의를 표하면서 그분과 함께 존재하려는 기도다. 다시 말해, 이 기도의 목적은 자신을 위한 영적 체험이나 기도의 결과를 추구하기보다는 순수하게 자신을 하느님의 현존에 열어 드리는 것이다.

향심기도의 방법으로 기도를 했는데 아무 느낌이 없다고 조급해할 필요는 없다. 오히려 즉석식품에 익숙하고 무엇이든 빠른 결과에 익숙한 현대인들은 때때로 이런 느림을 선택해야 할 필요가 있다. 그래서 하느님에 대한 지식이 너무나 많은데 비해 빠른 결과를 바라는, 조급한 현대인에게 이 기도는 단순한 마음과 신앙으로 하느님 안에서 자신을 발견할 수 있는 효과적인 방법이 된다. 비움의 경지에 이르기 위해선 바르게 꾸준히 수행해야 하지만, 수행을 통하여 하느님을 움직이겠다는 생각을 경계해야 한다. 이처럼 향심기도는 우리 안에 계신 삼위일체의 하느님을 모시는 데 바탕을 두고, 영적 체험보다는 평범한 우리 삶 안에서 애덕의 실천을 통하여 수련하며 그분을 따라가는 것이다. 향심기도는 교회적이고 공동체적인 효과를 얻는 기도이기에, 정신 수련이나 만유 재신론적[60] 근원을 가진 운동들과 혼동되어 비판되어서는 안 되며, 그렇다고 함부로 무분별하게 수용되어서도 안 된다.

지금까지 대표적인 몇몇 수도회의 관상을 살펴보았듯이, 관상은 수도회마다 조금씩 다르긴 하지만 성경 중심적인 기초 위에 교회를 통하여 하느님과의 일치를 지향한다는 점에서 공통된 맥락에 있다는 것을 알 수 있다. 또한 감성, 감각, 의지 중에 어느 면을 더 활용할지에 관해서는 서로 작은 차이가 있지만, 영적 체험 자체를 인간 중심적인 차원에서 원하지는 않는다는 점에 주목할 필요가 있다.

이처럼 기도는 철저히 하느님에게 받은 선물에 대한 인간의 응답이라는 점에서 대화의 특성을 지닌다는 것을 깊이 새겨봐야 하며, 결코 그 방법의 우위를 논할 대상이 아니라는 것도 분명히 알아야 한다. 기도는 청구서를 내미는 것도 아니고 열심히 자신의 이야기를 하는 것도 아니다. 기도는 창조, 구원, 완성의 하느님이 우리의 삶 안에서 활동하는 것을 보다 예민하게 인식하고, 그분에게 응답하기 위해 모든 것을 비우고 그 뜻을 듣고 따르며 실천하는 것이다.[61]

관상기도의 열매

관상기도의 열매는 기도하는 동안보다는 기도 시간 외에

열린다. 즉 관상기도가 일상생활에 영향을 주어 우리 신앙의 질을 높여 주는 것이다. 기도하는 동안 분심이나 졸음으로 시간을 낭비하는 것 같아도, 하느님의 현존은 우리를 더욱 깊은 신앙으로 이끌어 준다. 내 노력이 부족할지라도 자연스레 그분의 현존을 기억하는 자신을 발견하게 될 것이다. 우리가 하느님에게 감사드릴 때, 또는 하느님에게 "사랑합니다."라고 고백할 때가 그런 순간들이다. 그 순간들에는 깊은 평화가 있다. 그러면서 점점 자신에게 만족스러운 것을 찾기보다 하느님이 내게 원하시는 것을 찾게 된다.

이렇게 관상기도는 우리의 인격을 변화시킨다. 관상의 상태에 있는 사람은 '느리지만 확실하게' 인격이 변화된다. 우리의 기도와 신앙이 우리를 변화시켜야 제대로 된 관상기도다. 그렇지 않다면 기도와 신앙은 부담스럽고 사치스러운 장식물에 불과하다. 신앙생활을 오래 해 왔는데도 변한 것이 하나도 없다면, 그것은 제대로 기도하지 않았기 때문이다. 기도한다고 하면서도 살아 계신 하느님으로부터 교묘하게 자신을 숨기고, 성령이 우리 삶 안으로 못 들어오게 막고 있었던 것이다. 진정한 관상기도는 성령이 우리 안으로 들어오도록 마음을 여는 것을 전제로 한다. 마음을 열수록 성령의 선물과 성령의 열매가 점점 더 분명해진다. 관상기도를 통하여 우리는 성령이 우리 각자에게 주시는 예수님의 평화를 체험하게 될 것이다.

관상을 다룬 중세 시대의 책인 《무지의 구름》의 저자는 이러한 변화를 다음과 같이 묘사했다.

"관상을 수행하는 사람은 누구나 관상이 영혼과 마찬가지로 육신에도 좋은 효과를 낸다는 사실을 알게 됩니다. 그래서 추한 사람도 관상가가 되면 은총으로 갑자기 달라지게 되고, 그가 만나는 사람마다 기쁘게 우정을 나누려 합니다. 그뿐만 아니라 그 친교를 통하여 새로워지고 하느님에게 더욱 가까워진다는 사실을 발견하게 됩니다. 그러니 이 같은 선물을 은총으로 받아 누리도록 노력하십시오. 이 선물을 소유하는 사람은 누구나 그 덕에 자신과 자신의 소유 모두를 훌륭히 통제할 수 있기 때문입니다. 또한 관상은 다른 사람들의 품성과 요구를 읽어 낼 수 있는 통찰력을 줍니다. 이야기 상대가 누구든, 상습적인 죄인이든 아니든, 자신은 죄에 물들지 않으면서도 상대에게는 자석 같은 효과를 발휘하여, 자신이 은총으로 수행하고 있는 바로 그 영적인 일에 상대를 끌어들이게 됩니다. …… 그의 얼굴과 말은 영적 지혜로 충만하며, 강렬하면서도 풍성하고 확고한 데다가, 조금도 거짓에 매이지 않고, 가식적으로 겉치레를 일삼는 위선자들과도 매우 다릅니다. 그런가 하면 겸허한 기도와 몸짓으로 신앙을 드러내면서도 남의 비웃음을 사지 않은 채 깊이 있게 이야기하는 법을 배웁니다."(《무지의 구름》, 54장)

이렇게 관상기도를 통하여 하느님이 아버지이심을 느끼고 그분이 자신을 인격적으로 사랑하고 계신다는 사실을 깨닫게 되면, 그동안 품고 있던 미움과 부정적인 느낌은 없어지고 자신의 가치와 존엄을 느끼게 된다. 힘든 일과 무거운 의무, 자신에 대한 비판도 담담하게 받아들이고, 사랑하는 마음으로 하느님에게 복종하게 된다. 더욱 인내하며 화를 덜 내고 다른 사람들을 수용하며, 닥쳐오는 고통도 기꺼이 받아들일 마음까지 갖게 된다. 또한 교만한 성격을 가졌더라도 하느님의 사랑이 자신을 얼마나 많은 비극에서 구해 주셨는지를 볼 수 있게 된다. 점차 자기 안의 헛된 우상을 발견하게 되고, 진실을 더욱 열망하게 된다. 그리하여 더욱 자유롭게 된다. 전에는 자주 상처와 낙담에 빠져 있었지만, 이제 하느님에 대한 갈망이 생겼으므로 용기를 가지고 노력할 수 있게 되며, 무엇보다 관상기도는 다른 기도에서 새로운 의미를 발견하게 하고 일치감을 형성해 준다.

처음에는 그 의미를 깊이 생각하지 않고 공경하지도 않으면서 되는 대로 대충 읽고 때우듯 기도를 바치는 것이 보통이었다. 그러나 관상기도를 할수록 그렇게 기도를 하는 것을 정상적인 것으로 생각할 수 없게 된다. 그래서 점차 구송기도, 특히 반복적인 기도(예: 묵주기도, 화살기도, 예수기도 등)에서 좀 더 마음을 담은 기도로 옮겨 가게 된다. 마음을 담은 기도를 하면서 현존 안에 머물도록, 그리고 그분과 함께할 수 있게 도와주는 것을 느끼기 때문이다.

그렇다면 관상 상태에 이를 수 있는 현실적인 방법은 무엇일까? 관상기도는 묵상기도를 잘한 사람에게 주어지는 선물이다. 즉, 기본에 충실한 사람에게 주어지는 선물인 것이다. 묵상은 인간의 주도적인 의지적 노력으로 이루어져야 하는 기도다. 그렇다면 우리는 무엇을 묵상할 것인가?

제일 좋은 것은 그날그날의 복음 말씀이라 할 수 있다.[62] 성경 말씀 안에 늘 머물러 있으려는 것이 가장 기본적으로 해야 하는 일이라는 뜻이다. 우리는 매일 방송이나 인터넷을 통하여 실시간으로 뉴스를 접하면서 살아간다. 드라마나 영화를 비롯해서 연예인의 신변잡기에 이르기까지 온갖 소식에 관심을 갖고 찾아보며 살고, 스마트폰을 끼고 온갖 세상사에 관한 여러 정보를 실시간으로 얻지만, 정작 바쁘다는 핑계로 성경 구절 하나를 보는 데는 인색한 것이 우리의 현실이 아닐까? 제일 중요한 일을 제쳐 두고 바쁘다고 하는 것은 말이 안 된다. 정말 바쁘다면 다른 일들을 포기하고 매일의 복음 말씀을 읽고 묵상하는 것 하나만 잘해도 관상에 이르기에 충분하다. 하느님에게 시간과 마음을 내어 드리는 데 인색하면서, 어떻게 하느님과 가까워지기를 바라겠는가?

관상기도는 철저히 하느님에게 주도권을 내어 드리는 수동적인 기도로서 인간의 의지나 감정, 생각은 사라져 버리는 신비로운 차원이다. 그러나 관상으로 곧장 빠르게 가는 인위적인 지름길 같은 것은 아마 없을 것이다. 관상은 반드시 일상과 연결되는 것이기 때문이다. 즉, 관상은 구름 위를 걷는 것과 같은 막연한 차원의 문제가 아니기에, 일상에 충실하지 않은 사람은 관상의 단계로 나아갈 수 없다. 하루하루의 삶에서 충실하게 하느님을 찾지 않는 사람은 성숙한 그리스도인이 되기 어려운 것과 마찬가지다.

그러므로 "관상기도로 나아갈 수 있는 사람은 어떤 사람일까?"라는 질문에 대한 답이, 기도 중에 신비로운 체험을 했다거나, 꿈에서 환시를 봤다고 떠벌리거나, 눈에 띄는 어떤 은사를 받았다거나, 무슨 좋은 교육을 받고 왔거나, 성당에서 오랫동안 열심히 봉사한다고 자랑하는 사람은 아닐 것이다. 성당에서 아무리 열심히 봉사해도, 집에 와서는 가족에게 충실하지 않은 사람이나, 해외 성지 순례를 다녀와서 또는 피정을 가서 좋은 교육을 받고 관상기도까지 배웠다면서, 가까운 누군가를 계속 미워하고 차별하고 외면하는 사람은 제대로 된 기도를 하지 못한 것이다. 하느님과의 깊은 내적 일치는 자신이 받은 소명에 충실할 때, 즉 자신의 직분에 합당한 태도로 활동에 충실할 때 받을 수 있는 하느님의 은총이기 때문이다. 참된 기도인 관상기도는 자기 자신과의 관계, 이웃과의 관계, 하느님과의 관계가 인격적인 친교와 사귐으로 변화하도록 이끌기 때문이기도 하다.

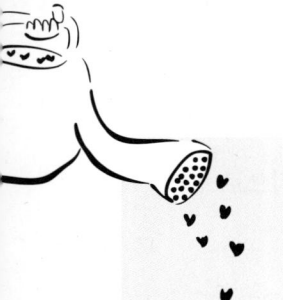

요점 정리

- 기도는 살아 있는 것이기에 변화하고 발전하는 성장 단계가 있다. '기도의 꽃'은 관상기도다.
- 관상기도는 침묵 중에 주님에게 시선을 고정하는 '바라봄'이고, 우리 내면에서 말씀하시는 주님의 말씀을 귀 기울여 '들음'이며, 자신을 완전히 비워 하느님과 일치하는 '비움'과 '일치'다.
- 관상기도는 인간의 이성과 감정을 사용하기보다 우리를 찾아오시는 주님에게 철저히 주도권을 내어 드리는 '수동적'인 기도다.
- 모든 신앙인들은 이런 관상기도로 부르심을 받았다.

- 그 전통을 수도회들이 전해 주고 있다.
- 관상기도는 우리의 인격을 변화시킨다.
- 관상기도는 지름길로 도달할 수 있는 것이 아니라, 묵상기도를 잘 하는 사람에게 주어지는 선물이다.
- 그럼 무엇을 묵상해야 할까? 그날그날의 복음 말씀에 충실한 것이 가장 좋다.
- 일상에 충실하지 않은 사람은 관상의 단계로 갈 수 없다.
- 관상기도는 자기 자신과의 관계, 이웃과의 관계, 하느님과의 관계가 인격적인 친교와 사귐으로 변화되도록 이끈다.

성찰하기

- 하루의 시작과 끝을 어떻게 하고 있는가?
- 하루 중 기도하는 시간과 TV나 스마트폰, 혹은 컴퓨터를 사용하며 보내는 시간을 비교해 보자.
- 기도에 대해 아는 것과 기도로 충만한 마음을 품고 사는 것은 다르다.
- 기도로 충만한 마음은 말로 드러나는 것이 아니라 기쁨, 평화, 온유, 절제, 겸손 등의 열매로 나타난다.
- 기도로 충만한 마음은 바오로 사도의 권고대로 '끊임없이 기도하는' 것이기도 하다.
- 그러나 끝없이 밀려오는 어려움과 고통에 처해 있는 상황이

나 무한 경쟁에 시달려야 하는 고달픈 상황에서 그런 기도가 가능한가?
- 나에게 다가오는 부정적인 감정을 숨기고 억누르며 자기 안에 고립되기보다는, 욥처럼 하느님에게 고통과 분노를 부르짖으며 응답을 요구하는 편이 낫다.
- 그런 부르짖음이 대화로 옮겨 가게 되면, 하느님과 단순하고 친밀한 영적 대화가 시작된다.
- 끊임없이 기도한다는 것은 하느님만 생각하고 집착한다는 뜻이 아니라 하느님 안에서 생각하고 말하며 산다는 것이다.
- 좋은 생각, 나쁜 생각, 고상한 생각, 음흉한 생각, 교만함, 창피함, 기쁨, 슬픔, 별 생각 없음, 무미건조함 등을 있는 그대로 하느님과의 대화거리로 만들어 간다면, 그것 자체로 끊임없는 기도가 된다.
- 더욱 성장하기 위해 어려움과 갈등도 받아들일 마음의 준비를 하고 있는가?
- 내가 원하는 것과 하느님이 원하시는 것이 비슷할지 생각해 보라.
- 기도는 하느님이 내 마음과 뜻을 하나도 숨김없이 아신다는

사실을 기쁘게 받아들이는 것이다.
- 그래서 우리는 일하거나 공부하거나 운전하거나 음식을 먹 거나 쉬거나 잠들 때에도 기도할 수 있다.
- 분심이 들 때에도 감사할 수 있다. 그럴 때 오히려 더욱 하느님의 말씀에 귀를 기울이려는 자세를 갖는다면 더 깊은 차원으로 들어가게 된다.

체험하기

- 성가를 자주 부르고, 성경 말씀을 읽고, 듣고, 묵상하면서 하느님의 현존에 우리의 마음을 열어 보자. 감사 노트를 준비하고 기도해 줘야 할 사람과 그 사람의 상황도 미리 메모해 두자.
- 수도회의 전통 안에서 발견되는 다양한 성경 접근 방법들을 연습해 보자.
- "제가 이런 상황에서 어떻게 해야 할지 이끌어 주세요."라고 기도하자.
- 단순한 단어들을 반복하는 예수기도와 화살기도를 자주 바치며 기도를 생활화하자.

- 뭔가를 청하는 것보다 하느님과 함께 친교와 사귐을 나누는 것이 더 중요하다.
- 기도를 끝내고 난 뒤에 진정한 삶의 기도가 시작된다는 것을 기억하자.
- 말씀은 정복하기 위해서가 아니라 정복당하기 위해서, 비판하기 위해서가 아니라 오히려 도전을 받기 위해서 다가가는 것이다. 말씀에 다가가도록 마음을 열자.
- 말씀을 기록하는 것도 좋은 기도다. 하느님은 성경이라는 기록된 말씀을 주셨다.
- 기록된 말씀을 읽고, 쓰고, 되뇌며, 살아 있는 말씀이신 예수님과 인격적인 관계를 맺자. 그리고 그 관계 맺음을 다시 기록하는 가운데 우리의 정체성, 언행, 공동체 생활이 성장하며 관상의 단계로 나아갈 수 있도록 은총을 청해 보자.

어떻게 기도할 것인가?

# 어떻게 기도할 것인가?

횡단보도 신호가 초록색으로 바뀌자, 아이는 재빠르게 걷기 시작했다. 아이 엄마는 아이의 손을 잡으려고 계속 손을 내밀었지만 아이는 엄마 쪽을 쳐다보지도 않았다. 그러나 얼마 지나지 않아 아이는 횡단보도 한가운데에서 넘어져 울기 시작했다. 지나가던 행인들이 자신을 쳐다보는 걸 의식했는지 아이는 엄마를 부르며, 엄마 때문에 넘어졌다고 투덜거렸다. 엄마는 넘어진 아이를 안아 일으키고는 다친 곳이 없는지 살폈다. 횡단보도를 무사히 건넌 후 아이는 또다시 엄마의 손을 놓고 걸었다. 그러나 이번에는 엄마의 위치를 확인하며 걷는 것 같았고 발걸음이 한결 조심스러웠다.

지금까지 우리가 기도를 바치는 대상인 하느님과 기도의 본질을 되짚어 보고, 교회 안의 여러 기도를 두루 살펴보았다. 기도는 '대화'라는 표현만으로 다 담을 수 없는 하느님과의 인격적인 관계이며 그분의 사랑에 대한 응답이다. 기도는 어떤 에너지나 근원적인 힘을 상대하는 것이 아니라, 우리를 창조하시고, 우리를 우리 자신보다 더 잘 아시고 사랑하시는 존재와 맺는 관계다. 우리의 번잡한 생각과 욕심, 분노가 잦아들게 될 때, 우리는 더욱 선명하게 느껴지는 하느님의 현존 속에서 우리에게 내미시는 그분의 손길을 느낄 수 있다. 또한 우리도 그분에게 손을 내밀 수 있게 될 것이다. 이렇게 예민해진 감각으로, 일상의 모든 순간에서 온전히 그분을 느끼고 하느님의 뜻을 실현하며 살아가려는 생활이 관상이다. 이러한 관상은 모두가 초대받은 보편적인 성소인 것이다.

그렇다면 우리는 일상에서 어떻게 기도할 수 있을까? 자신보다 우리를 더 잘 아시는 그분에게 슬픔과 분노, 어려움과 부족함, 기쁨과 감사를 온전히 내려놓을 수 있을까? 어떻게 하면 삶의 매순간 활동하시는 하느님의 손길과 사랑, 그리고 그분의 뜻을 더욱 세밀하게 느낄 수 있을까? 기쁨과 감사로 나의 삶을 받아들이고, 하느님의 뜻이 이루어지고 아버지의 이름이 더 빛나는 일에 참여하기를 진심으로 열망할 수 있을까?

기도를 처음 대하는 사람, 영세는 받았지만 '무엇을, 어떻게 기도해야 할지' 몰라서 기도서만 뒤적이는 사람, 숙제처럼 식사기도, 아침기도, 저녁기도를 드리지만 왠지 기계적으로 반복하는 것이 지루하고 건조하다는 사람을 위해서 기도의 방법을 아주 구체적이고 실제적으로 다루어 보겠다. 우선 기도하는 시간, 장소, 자세 등을 간단하게 정리한 후, 주님이 우리에게 가르쳐 주신 '주님의 기도'를 함께 살펴보고, 상황에 따라 쉽게 할 수 있는 기도의 몇 가지 예를 소개하고자 한다.

a. 기도의 준비

"기도하면서 담배를 피워도 좋은가?" 이는 신학교에서 영성 수업 시간에 들었던 질문이다. 이 질문에 아마 대부분 고개를 가로저을 것이다. 그런데 말을 바꿔서, "담배를 피우면서 기도하는 것은 좋은가?"라고 질문한다면 어떻게 느껴지는가? 가톨릭교회의 영성가들은 기도할 때 담배를 피우는 것은 문제지만, 담배를 피우면서 기도하는 것은 칭찬받을 일이라고 가르친다. 말장난 같지만 결국 기도를 위해서는 일정한 시간과 공간, 정성이라는 준비가 필요하다는 뜻이다.

물론 기도는 언제, 어디서나 바칠 수 있다. 요한 크리소스토모 성인은, "기도는 장터에서도, 혼자 산책할 때에도, 자주 그리고 열심히 할 수 있다. 심지어 가게에서 물건을 사고파는 중에도, 요리하는 중에도 할 수 있다."라고 했다. 초기 그리스도교 역사에서 순교한 성인들 또한 감옥에 가면 감옥에 갇힌 이들에게 하느님을 전했고, 원형 경기장에서 사자에게 잡아먹히면서도 순교로 하느님을 전했다. 그래서 그들에겐 모든 곳이 하느님을 선포하고 만나는 성전聖殿이었다. 성聖과 속俗의 이분법적 구분을 뛰어넘어 '성스러운 삶 자체'가 기도라는 의미다. 신학자인 오리게네스도 기도를 일과 결합시키고 일을 기도와 결합시키는 사람이야말로 끊임없이 기도하는 사람이라 했다. 언제 어디에서든, 늘 기도하는 것이 중요한 것이다. 그런데 이때 두 가지 극단을 조심해야 한다. 하나는 정해진 기도만 하고 나서 "기도 다 했다." 하고는 하느님을 잊고 살아가는 것이다. 다른 하나는 "삶이 곧 기도다."라는 말을 핑계로 따로 시간을 내어 기도하지 않는 것이다.

기도의 시간

가톨릭교회에서는 일반적으로 기도에 적합한 시간과 장소가 있다고 가르친다. 가능하면 조용하면서도 하루 중 제일 좋은 시간을 택해야 한다. 꼭 긴 시간이 아니더라도 잠시 일을 멈추고 깊은 호흡을 한 다음, 하느님의 현존에 함께하는 시간을 가지는 것은 메마른 일상에서 샘을 파는 일과 같다.

아주 짧은 기도라도 정해진 시간에 기도하는 것은 자신의 삶을 되돌아보는 데 큰 도움이 된다. 아침에는 하루의 모든 일과를 봉헌하고, 저녁에는 하루를 반성하며 감사하고 내일을 의탁하며 편안한 밤이 되기를 기도한다. 기도로 하루를 시작하면, 자신의 삶에서 하느님이 활동하심을 더 예민하게 느끼게 될 것이다. 또한 기도로 하루를 마치면, 오늘 자신에게 일어난 일 중에 다행스러웠던 일, 반가웠던 일, 힘들었던 일을 하느님과 함께 되새겨 보면서 자신의 삶에 함께하시는 하느님에게 보다 친밀하게 다가서게 될 것이다.

가족이 함께 정해진 시간에 기도를 드리는 것은 매우 중요하다. 혹시 그것이 어렵다면 아침 식사나 저녁 식사 때 식탁에서 함께 성경 말씀과 기도를 나누거나 적어도 대화라도 나누어 기도를 대신해야 한다. 일주일에 한 번 모여서 함께 시간을 보내며 기도하고 생활을 나누는 것도 좋다. 인터넷에 가족 카페를 만들고 거기에 신앙에 관한 공간을 마련해 기도와 생활을 수시로 나누는 것도 지혜로운 일이다. 자녀에게 매일 간단한 성경 말씀이나 오늘의 말씀을 휴대 전화로 보내 주는 것도 좋다. 이처럼 생활 속에서 정해진 시간에 규칙적으로, 지속적으로, 혹은 수시로 가족과 함께 기도를 바치는 것은 좋은 습관이요, 미덕이다.

기도의 장소

기도의 장소에는 기도실, 수도원, 성지 등이 있다. 특히 성당은 본당 공동체가 드리는 전례기도를 위한 고유한 장소이자 성체 조배에 가장 알맞은 곳이다. 여건이 허락된다면 가정에서도 기도를 위한 장소를 따로 마련하는 것이 좋다. 기도를 위한 장소에 들어설 때 마음이 편안허지도록 온화하며 밝은 분위기를 만들면 된다. 오감을 준비시키기 위해 성물과 성화를 적절히 사용하는 것도 좋은 방법이다.

따로 마련된 방이 아니어도 좋다. 가는 곳마다 그곳을 기도실이라 생각한다면 시간을 허비하지 않고 기도의 삶을 살 수 있다. 정류장에서는 버스나 전철을 기다리며 지나가는 사람들을 위해 기도하고, 차 안에서는 다른 승객들을 위해 기도할 수 있다. 가게를 운영하고 있다면 방문하는 손님이나 지나가는 사람들을 위해, 병원에 있다면 아픈 사람들을 위해, 산에 오를 때에는 산 밑에 사는 세상 사람들을 위해 기도할 수 있다. 어디에서든지 마음으로 기도할 수 있다. 또한 어떤 사고에 관한 뉴스를 들었을 때는 그 자리에서 잠시 사고를 당한 사람들을 위해 청원기도를 드릴 수 있다.

기도의 자세

기도하는 자세를 세세하게 언급한 문헌은 거의 없다. 자세를 소홀히 할 수는 없겠지만 그것이 기도의 핵심은 아니라는 뜻이다. 기도에 필요한 자세는 기도에 집중하는 데 도움이 되는 자세, 다시 말해 집중하는 데 방해가 되지 않는 자세면 된다. 간혹 불교의 승려처럼 가부좌를 틀고 앉거나 무릎을 꿇고 기도하는 이들도 있는데, 본인에게 이 자세가 불편함을 주지 않는다면 별 문제가 되지 않는다. 그러나 다리가 저린 것을 억지로 참는다면 자세 때문에 기도에 온전히 집중할 수 없을 것이다. 반대로 기도할 때 너무 편안하고 안락한 자세를 취한다면 경건하고 예민한 마음으로 기도에 집중할 수 없을 것이다. 편안하되, 쉽게 잠이 들 수 있는 자세는 피해야 한다.

기도하기 전에, 혹은 기도하는 중에라도 호흡을 가다듬는 것은 기도에 도움이 된다. 기도하기 전 3분 동안만이라도 자신의 호흡에 집중하는 훈련을 해 보길 권한다. 마음이 가라앉지 않을수록 호흡이 짧고 거칠어지기 마련이다. 따라서 호흡을 길고 깊게 하는 것이 마음을 차분히 하고 기도에 집중하는 데 도움이 된다. 많은 분들이 호흡에만 집중하는 것이 얼마나 어려운지, 호흡에 집중하면서 얼마나 많은 생각들이 자신을 방해하는지를 알게 될 것이다. 단 3분만이라도 호흡에 집중하는 동안, 어느 정도 분심을 가다듬고 생각의 흐름을 제어할 수 있게 되면, 그 기도는 제대로 시작될 것이다.

기도에 할애하는 시간

기도에 할애하는 시간을 처음부터 무리하게 정할 필요는 없다. 기도는 얼마나 오랜 시간을 하는가가 아니라, 얼마나 참된 마음으로 하는가가 중요하기 때문이다. 기도를 처음 하는 사람이라면, 자신이 선택한 기도문만으로 5분 정도 기도하는 것부터 시작해 보자. 이때 중요한 것은 정해진 시간과 장소에서 빠짐없이 기도하여 기도를 생활의 일부로 맞 들이는 것이다. 기도문에 익숙해지는 과정부터 시작하여 하느님에게 친밀한 느낌을 조금 가지게 되었다면, 기도문의 앞이나 뒤, 혹은 기도문 사이사이에 자신의 기도를 조금씩 넣어 보면서 하느님에게 조금씩 다가서는 훈련을 하는 것도 좋다.

예를 들어 감사기도를 바치며, 하루 동안 자신에게 일어난 일을 떠올리면서 "오늘 하느님의 뜻에 따라 살게 해 주셔서 감사합니다."라고 덧붙인다면, 점차 기도가 편안해지고, 자연스럽게 될 것이다. 이렇게 일정 기간 동안 연습한 후, 기도하는 것이 어느 정도 습관이 되고 '하느님 아버지'라고 부르는 것에 어색함이 없어졌다면, 자신에게 맞는 기도 방법에 따라 기도를 선택하고, 점차 기도 시간을 늘려 보자.

기도를 위한 내적 준비

기도가 익숙하지 않은 사람이라면 기도하기 전에 몇 가지 마음의 준비를 하는 것이 좋다. 우선 짧은 기도문만 바치기로 한 경우라도 복잡한 마음을 다스리고 시작해 보기를 권한다. 기도가 일상의 일과와 구별될 때, 자신이 무엇을 하고 있는지에 대한 자각을 높여 주기 때문이다. 기도하는 자신에 대한 자각이 높아질수록 기도하면서 일상에서 함께하시는 하느님을 더욱 세심하게 느낄 수 있을 것이다. 기도할 때와 기도하지 않을 때, 두 경우에 아무런 차이가 없으면 안 된다.

기도에 조금 익숙해진 상태라면 기도하기 전에 먼저 자신을 돌아보고 혹시 미워하는 사람이 있는지, 자신을 화나게 하는 일이 있는지 살펴보자. 그런 마음은 기도에 집중하는 데 방해가 되는 것은 물론이고, 성부 하느님과 깊고 친밀한 일치와 친교 속에서 살아가신 예수님이 사랑하는 사람들뿐만 아니라 박해하는 자들을 위해서도 기도하라고 하신 말씀에 어긋나기 때문이다. 미운 사람일지라도 기도할 때는 용서하고, 위선자들처럼 남에게 보이기 위해 기도하지 말라고 당부하셨다. 또한 다른 사람들처럼 빈말로 기도하지도 말고, 유혹에 빠지지 않도록 깨어 기도하라는 당부도 하셨다. 예수님의 가르침을 본받아 미워하는 사람을 돌아보고, 용서할 수 있다면 용서하고, 용서하기 힘들다면 용서할 수 있는 마음을 허락해 달라고 청해 보자.

b. 주님의 기도

'주님의 기도'에 관해서는 설명이 잘되어 있는 책이 많기에 굳이 세세하게 말할 필요가 없을 것이다. 그러나 그리스도교 신자라면 적어도 하루에 한 번 주님이 우리에게 알려 주신 '주님의 기도'를 음미하며 바쳐야 한다. '사도 신경'이 우리가 무엇을 믿는지를 되짚어 주는 기도라면, '주님의 기도'는 그 믿는 내용을 가지고 하느님에게 어떻게 기도할 것인지를 알려 주는 가장 모범적인 기도이기 때문이다. 그렇기에 '주님의 기도'는 기도 중의 기도이자, 모든 기도의 시작이며 마침이라 불러도 과언이 아닐 것이다.

예수님이 가르쳐 주신 기도를 시작하는 첫 구절인 "하늘에 계신 저희 아버지 아버지의 이름을 거룩히 드러내시며"(마태 6,9)는 제자들에게 아주 놀랍고 충격적인 기도로 들렸을 것이다. 그들이 그동안 듣고 배워 온 기존의 기도들과는 너무 달랐기 때문이다. 당시에는 하느님을 '아빠,[63] 아버지'라고 부르기는커녕, 하느님의 이름을 언급하는 것조차 불경스러운 일이었기 때문에 야훼 하느님을 그냥 '주님'[64]이라고 불렀다. 그러나 예수님은 제자들에게 하느님을 '아빠, 아버지'라고 부르는 파격적인 기도를 가르쳐 주셨다. 우리말로는 '하늘에 계신'으로 시작하지만, 영어로는 '우리 아버지 Our Father'로 시작한다. "우리 엄마야, 우리 집이야."라는 표현이 우리나라 문화에서는 전혀 어색하지 않지만, '너와 나'의 구분이 명확한 서구인들에게 아버지를 공유한다는 것은 파격적인 생각이었다. 또한 '아버지'는 하느님이 남자고, 아버지처럼 나이가 많은 어른이라는 뜻이 아니라, 이 세상에서 친밀감이 가장 크다는 것을 나타내는 호칭이었다. 어떤 사람에게는 '엄마'라는 말이 가장 친근한 호칭일 수도 있지만 예수님에게는 그것이 '아빠, 아버지'로 나타난 것이다. 그래서 우리도 하느님을 '아빠, 아버지'라는 친밀한 호칭으로 부를 수 있게 된 것인데, 이를 통하여 하느님의 인자하심이 더 새롭게 드러났다. 이는 하느님을 누구나 직접 접근할 수 있는 분으로 계시하신 위대한 사건이라고 할 수 있다.

예수님이 알려 주신 하느님의 인격적인 모습은 '되찾은 아들의 비유'(루카 15,11-32 참조)에 구체적으로 묘사되어 있다. 하느님은 우리에게 무조건적인 사랑을 베푸시는 분이라는 것이다. 하느님의 아드님이신 예수님이 세상에 오신 것도 바로 그러한 이유에서였다. 예수님이 세상에 오셨기 때문에 사랑이 지극하신 하느님이 우리의 아버지가 되셨고, 우리 모두가 하느님의 자녀로서 하느님을 '아빠, 아버지'라고 부를 수 있게 된 것이다. 따라서 하느님의 자녀가 되는 데는 따로 자격이 필요하지 않다. 의로운 사람과 의롭지 않은 사람, 선한 사람과 선하지 않은 사람, 남성과 여성, 장애인과 비장애인, 병든 사람과 건강한 사람 사이에 차별이 있을 수 없다.[65] 오히려 예수님은 당시에 바리사이나 율법 학자들이 구원에서 제외되었다고 취급하던 이방인, 여자, 아이, 장애인, 병든 사람, 부정한 직업에 종사하는 낮은 계층의 사람들도 인격적으로 대하셨다. 하느님은 모든 생명체와 인간의 의식주는 물론 머리카락 하나까지도 돌보아 주신다(마태 6,25 참조). 그래서 모든 사람은 예외 없이 그분의 귀한 자녀로서 그분과 인격적으로 연관되어 있다. 이것이 그리스도인의 정체성이며, 그 안에서 하느님에 대한 희망을 발견할 수 있다.

또한 하느님은 만물의 심판자로서 악에 대해 의노義怒를 드러내기도 하신다. 구약 성경의 많은 부분에서 만날 수 있는 하느님의 준엄하신 모습이다. 하느님이 우리와 인격적인 관계를 맺으신다는 것이 무조건 "오냐, 오냐." 하면서 과보호하시거나, 인간의 무례를 받아 주신다는 뜻은 아니다. 우리들의 잘못에 대해 의노를 드러내신다는 것은 인격적인 하느님 사랑의 또 다른 표현이라 할 수 있다.

'주님의 기도'는 일곱 가지 청원기도[66]로 구성되어 있다.

먼저 우리가 아버지의 이름, 아버지의 나라, 아버지의 뜻을 추구하도록 청원을 한다. "…… 거룩히 빛나시며, …… 오시며, …… 이루어지소서."라는 이 세 가지 청원은 우리가 우리 자신보다 그분을 먼저 생각하는 것이 사랑의 특성임을 알

려 준다(《가톨릭 교회 교리서》 2804항 참조). [67]

나머지 네 가지 청원인 "저희에게 …… 주시고, …… 저희 죄를 용서하시고, 저희를 유혹에 빠지지 않게 하시고, 악에서 구하소서."라는 우리의 기대를 사랑이신 아버지에게 말씀드리며 그 사랑의 눈길을 우리 쪽으로 청하는 것이다. 이 청원들은, 바로 이 순간에 이 세상에 살고 있는 우리와 밀접한 관련이 있다.

네 번째와 다섯 번째 청원은 양식을 얻거나 죄를 용서받기 위한 것으로, 우리의 생명 자체와 관련되는 것들이다.

그리고 마지막 두 가지 청원은 삶의 승리를 위한 우리의 싸움, 바로 기도의 싸움과 관련된 것이다. 그렇지만 나의 뜻보다는 먼저 하느님의 뜻을 찾아야 함을 기억해야 한다.

한편, 각자의 상황과 처지에 따라 기도를 시작하게 된 계기와 모습이 다를 수 있다. 기도의 시작이 묵주기도나 통성기도일 수도 있고, 방언기도나 묵상기도, 감사기도, 청원기도일 수도 있다. 그러나 자신의 부족함을 겸손하게 깨달아 가며 '참된 나'와 '참된 하느님'을 찾아가는 관상기도의 여정을 통하여 인격적인 관계와 친교로 나아가는 것은[68] 모두에게 공통된 것이다. 이렇게 우리의 기도는 궁극적으로 능동기도에서 수동기도로 변화해야 한다.

그렇다고 꼭 소리로 표현하고 청하는 능동기도는 수준이 낮고, 수동적인 이끌림의 관상기도는 고상하고 좋다는 뜻은 아니다. 단순하고 소박한 할머니의 능동기도도 얼마든지 하느님의 마음을 감동시키는 관상기도가 될 수도 있고, 어머니의 간절한 묵주기도가 자신을 성숙하게 하고 하늘을 움직일 힘을 발휘할 수도 있을 것이다. 따라서 누구나 능동기도의 단계를 거쳐야 할 필요가 있지만, 다만 늘 거기에 안주해서는 안 된다는 의미다.

예수님도 '주님의 기도'를 통하여 먼저 아버지의 거룩하심과 아버지의 나라와 뜻을 구하셨듯이 우리도 기도를 통하여 하느님에게 가까이 나아가야 한다. 공통이 되는 모범적인 기도를 배웠으니, 이제 각기 다른 상황에서 바칠 수 있는 기도를 살펴보겠다.

c. 성향과 상황에 맞는 기도

내성적인 사람은 외향적인 사람이 선호하는 것과는 다른 형식의 기도를 선호할 것이다. 직관이 발달한 사람은 감각이 발달한 사람과는 다른 관점의 기도로 하느님에게 접근할 것이다. 또한 감정이 풍부한 사람은 이성적인 사람과 다른 방식으로 기도하길 원할 것이고, 고지식한 사람은 유연한 사람과 기도 방법이 다를 수밖에 없다. 이런 다양한 성향 중에 자신의 성향을 발견하여 장점을 키우고 단점을 메워 간다면 풍요로운 기도가 될 것이다. 반면에, 모든 사람에게 오직 한 가지 형식의 기도만 강요한다면 사람들은 기도에서 멀어질 것이다.

예를 들어 사도들도 각각 성향이 달랐다. 베드로는 감정이 풍부한 사람이었고, 바오로는 직관력이 뛰어난 사람이었으며, 야고보는 감각이 남다른 사람이었고, 요한은 사고력이 우수한 사람이었다. 초기 그리스도교가 받은 긴 박해의 시기가 끝나자 예수님을 따르려던 사람들은 사막을 찾아 수도 생활을 시작했는데, 그들도 각자 자신의 고유한 성향을 따라 기도했다. 즉, 자신의 마음을 열어 성령을 받아들이기 위해 감각을 억제하는 고행을 선택했고, 올바른 사고를 지니기 위해 성경의 진리를 매일 묵상했으며, 하느님과 끊임없이 인격적인 관계를 유지했고, 하느님과의 깊은 일치를 통한 직관력을 가지려 했다.

이런 점은 성인들에게서도 찾을 수 있다. 하느님과 깊은 인격적인 관계를 맺었던 아우구스티노 성인은 직관력이 우세한 성향을, 단순하고 개방적인 아시시의 프란치스코 성인은 감정이 우세한 성향을 보였다. 또한 방대한 신학 저서를 남긴 토마스 아퀴나스 성인에게서는 사고력이 우세한 성향을, 《영신수련》으로 유명한 이냐시오 데 로욜라 성인에게서는 감각이 우세한 성향을 볼 수 있다.

'인사가 만사'라는 말이 있다. 사실 사람을 대하는 것이 삶의 전부라고 해도 과언이 아닐 것이다. 사람마다 성향이 달라서 같은 말과 태도에도 반응은 각양각색이다. 이런 이유로 당황하거나 힘들었던 경험이 누구에게나 있을 것이다. 사람마다 각각 다른 성격을 가지고 있기에 '주님의 기도' 외에는 모두에게 딱 맞는 기도가 존재하기 어렵다. 게다가 사람마다 고유한 심리적 성향 때문에 우월하거나 열등한 기도, 좋거나 나쁜 기도가 없다. 성향은 유전적인 요소와 환경적인 요소의 결합으로 결정되지만, 동시에 하느님의 선물로서 지속적으로 계발해야 할 각자의 특성도 있기 때문이다. 따라서 기도 생활에서 자신의 성향을 알고 그에 따라 자신에게 적합한 기도 방법을 찾는 것은 매우 중요하다.

이제 기도가 아직 어려운 독자들을 위해 감사, 찬미, 청원, 참회, 묵상 등 기도의 예를 제시하려 한다. 기도문에 비추어 자신의 상황을 살펴보고, 무엇에 대해 어떻게 기도할지를 함께 찾아 보자.

성향과 기도

소공동체 모임이나 반 모임을 떠올려 보자. 성경을 읽고 묵상 시간을 가진 후 각자의 느낌을 들어가면서 말할 때, 사람들의 생각이 전부 다르다는 것에 놀란 기억이 있을 것이다. 어떤 이는 성경 구절 중 '느낌'을 나타내는 단어에 민감하게 반응하며 자신의 느낌을 말한다. 반면 어떤 이는 다소 어려운 지식을 동원하여 해당 성경 구절을 열심히 분석한 후, 그 의미를 설명하려 한다. 기도의 경우에도 마찬가지다. 어떤 이는 정해진 시간 동안 공동기도를 하는 것을 선호하고, 어떤 이는 혼자 성경을 묵상하거나 개인적으로 기도하는 것을 선호한다. 이렇게 각자의 성향이 다른 만큼 하느님을 보다 예민하게 느끼는 방법도 다 다를 것이다.

이미 성격 유형과 기도 방법의 상관성에 기초하여 구체적으로 영성 생활의 유형을 제안해 주는 책들이 있기에, 성격 유형과 기도의 관계를 세세하게 다루지는 않을 것이다. 다만 개개인의 성향에 맞는 적절한 성경 묵상 방법 몇 가지를 소개하려 한다. 이를 통하여 개개인의 생각이 다르다는 것을 알고 자신의 고유한 특징을 인식해 보자.

오감으로 현실을 인식하는 성향을 가진 이들

성경을 활용한 묵상과 기도에서 구절별로 분석하여, 문학적이면서도 실질적인 감각을 통하여 성경을 읽는 것이 마음에 더 잘 와 닿는 사람이 있다. 현실의 세부 상황에 중점을 두고 오감을 통하여 현실을 인식하는 성향을 가진 이런 사람은 좀 더 구체적이고 실질적인 성경 구절을 골라서 기도하는 것이 도움이 될 것이다.

이러한 성향의 사람은 추상적인 바오로 서간들보다는 마르코 복음서가 편하게 느껴질 것이고 기도를 단순하고 단도직입적으로 하는 것을 더 선호할 것이다. 묵상기도도 어렵지 않게 받아들일 수 있겠지만, 듣기와 말하기에 중점을 둔 '대화의 기도'나 '시편 낭송', '묵주기도,' '주님의 기도' 등을 사용한 기도를 권한다. 자연 안에서 산책을 하는 경우에도 눈에 보이는 구름, 하늘, 새 등을 보고, 듣고, 느끼며 그 아름다움에 대해 사색하고, 사람에게 선물로 주어진 권리와 책임감에 감사하며 찬미를 드리면 기도가 더욱 풍성해질 것이다.

이성적이고 추상적 논리를 추구하는 이들

틀이 정해진 기도나 반복되는 전례에 약간 싫증을 느끼는 사람들도 있다. 이러한 성향의 사람은 성경 중에 상징적인 표현이 많은 요한 복음서나 요한 묵시록, 구약 성경의 예언서가 편하게 읽힐 것이다. 그중에서도 다소 어려운 성경 해설서를 보면서 그에 따라 성경을 읽고 묵상하는 것을 좋아하는 사람이 있다. 비슷한 장면을 다루는 서로 다른 복음서의 내용을 비교하고 분석하면서 의미를 찾는 사람은 주어진 기도문을 그대로 따라 외우는 것이 힘들 것이다. 이런 유형의 사람은 비교적 쉬운 신학 관련 서적을 읽거나 성경 구절이 자신의 삶에 어떤 의미를 제시하는지를 살펴보고, 일기 형식으로 글을 쓰는 것도 도움이 될 수 있다. 그러나 지나치게 이성적으로만 흘러가지 않도록 주의하고, 주변의 일이나 자연 안에서 감사할 일을 더 자주 찾으며, 성경의 내용이나 주변 사람들의 느낌에 공감하면서 자신의 느낌에 좀 더 솔직해지는 훈련을 하는 것도 기도에 도움이 될 것이다.

이와 달리, 성경 구절을 읽고 어떤 문구가 가장 와 닿는지를 주시하고, 상상을 통하여 자신의 내면 상태를 보는 데 익숙한 사람도 있다. 만약 예수님이 광야에서 유혹받으신 장면에 대해 묵상한다면, 자신도 광야에 가 있는 장면을 상상하고 그 순간의 감정을 예수님에게 말씀드리는 방식으로 묵상하는 방법이 도움이 될 수 있다. 교회 안에서 지속적인 친교 활동을 하거나 누군가를 위한 전구기도, 찬미기도 등을 하는 것도 편하게 다가올 것이다.

관상도 사람에 따라 편하게 느끼는 방법이 다를 수 있다.

현실적이고 감각적인 부분에 예민하고, 특히 질서와 규율을 지키거나, 책임감을 느끼는 것에 대해 부담 없이 받아들이는 사람이라면, 복음과 성경 안에 포함되어 있는 메시지를 회상하거나, 투사하고 투영하는 이냐시오의 영신 수련이 적합할 것이다. 반면 자유롭고 제한을 두지 않는 활동적인 성향을 가지며 감정의 영향을 강하게 받는 사람이라면, 성경이나 아시시의 프란치스코 성인의 기도문을 따라 감사, 찬미, 죄책감 등에 공감하며 기도를 드린다면 좋을 것이다.

기도문을 대하면서 자신의 느낌을 살펴보는 것도 자신에게 맞는 기도를 찾는 데 도움이 된다. 자연 안에서 활동하시는 하느님을 찬미한 예수회 사제 테야르 드 샤르댕[69]의 기도문이나 신학자인 카를 라너[70]의 기도문이 와 닿을 수 있다. 또는 신비적 체험 중에 올리는 기도를 더 쉽게 공감하는 분들이 있을 것이다.

다음에 각 기도문을 하나씩 소개한다.[71] 자신이 가장 편하게 할 수 있는 기도를 찾고, 이웃 형제자매들의 다양한 성향을 이해하는 폭을 넓혀 가길 바란다.

주여,
나를 사랑하시는
그 사랑 때문에
황송하게도 당신이
죽으셨으니

당신을 사랑하는 그 사랑 때문에
나도 죽을 수 있도록

당신 사랑의
불과도 같고
꿀과도 같은 힘으로
내 마음을
하늘 아래 있는
모든 것에서
빼어 내 차지하소서.

– 아시시의 프란치스코 성인, 〈당신을 사랑하는 그 사랑 때문에〉

빛과 지혜의 근원이신 하느님,
당신의 밝은 빛으로
저의 어두움을 비추시어
제가 지닌 죄와 무지를
없이 하소서.

말할 때는 풍부함을
해석할 때는 정확함을
배울 때는 수월한 방법을
잊지 않는 능력으로
뛰어난 이해력을 주소서.

저의 모든 시작이
당신의 영으로 있게 하시고
모든 과정의 발걸음을 인도하시어
완전한 마침을 허락하여 주소서.

– 토마스 아퀴나스 성인, 〈빛과 인도를 구하는 기도〉

받으소서, 오 주여,
나의 모든 자유를
나의 기억, 나의 마음 그리고 나의 의지
모든 것을 받으소서.

내가 가지고 있는 것은 무엇이나
당신으로부터 받은 것입니다.

당신의 의지에 의해
완전히 지배받기 위해서
당신에게 그 모든 것을
돌려드립니다.

당신의 사랑과 은혜를 주소서
그러면 나는 그것으로 충분합니다.
그 외 나는 아무것도 원치 않습니다.

― 이냐시오 데 로욜라 성인, 〈봉헌기도〉

당신의 사제로서,

저는 온 땅덩이를 제단으로 삼고,

그 위에 온 땅덩이를 제단으로 삼고,

그 위에 세상의 온갖 노동과 수고를 당신께 봉헌하겠습니다.

저쪽 지평선에서는 이제 막 솟아오른 태양이

동쪽 하늘 끝자락을 비추고 있습니다.

이 거대한 불이 찬란한 빛을 내며 떠오르면,

그 아래 살아 있는 땅의 표면은

다시 한 번 잠에서 깨어나 몸을 떨며

또다시 그 두려운 노동을 시작합니다.

오 하느님, 저는 새로운 노력이 이루어 낼 소출들을

저의 이 성반聖盤에 담겠습니다.

또 오늘 하루 이 땅이 산출해 낼 열대들에서 짜낼 액즙을

이 성작聖爵에 담겠습니다.

……

주님, 저는 지금 저를 먹여 길러 주고
또 저의 삶을 풍요롭게 하도록
당신께서 저에게 주신 사람들 하나하나를 보며 사랑합니다.

그다음으로,
저는 또 다른 가족을 떠올리며
한 사람 한 사람을 기억합니다.
그들은 마음, 학문 연구, 사상 등의 동질성을 통해,
너무나 다른 요인들을 묶어 하나의 가족을 이루고 있습니다.
이 새로운 가족이 울타리인 듯 저를 서서히 에워싸 주었습니다.

그다음에는 일일이 그 이름조차 알 수 없는
살아 있는 인류 전체를 저의 눈앞에 세웁니다.
제가 알지 못하지만 저의 가까이에서 저를 도와주는 사람들,
오는 사람들과 가는 사람들,
누구보다도 사무실, 실험실, 공장에서 일하면서,
진리에 대한 꿈을 가지고, 혹은 실수에도 불구하고,
지상 현실의 진보를 정말로 믿는 사람들,

그래서 오늘도 빛을 향해 열정적 탐색을 계속하는 사람들,
이런 사람들을 생각합니다.
……

이 하루 동안 더욱 커질 모든 것들,
이 하루 동안 더욱 작아질 모든 것들,
오늘 죽음을 맞이하게 될 것들까지도
주님, 이 모든 것을 한껏 저의 품속에 끌어모으려 하는 것은,
그것들을 당신께 봉헌하기 위해서입니다.
이것이 저의 봉헌물이고,
당신께서 바라시는 단 하나의 봉헌물입니다.

— 테야르 드 샤르댕 신부, 《세계 위에서 드리는 미사》 중에서

오, 하느님, 영이신 당신!

당신께 청하오니
우리의 모든 행동이
당신의 영감에 따라 이루어지게 하시고
당신의 은혜로운 손길로 순화되게 하소서.

하여 우리의 모든 기도와 일이
항상 당신에게서 시작하여
당신에게서 끝나게 하소서.

하느님, 저의 하느님,
오로지 사랑 안에서만
당신을 찾을 수 있나이다.

사랑 안에서
오로지 사랑 안에서만이
영혼의 문이 열려,

자유롭고 맑은 공기를 숨 쉬게 하시고
저의 작은 자아를 잊게 하소서.

사랑 안에서
좁고 조급한 생각의 우물을 벗어나
강물로 흐르게 하소서.
하여 가난과 비움의 사람이 되게 하소서.

사랑 안에서
영혼의 모든 힘이 당신을 향해 흘러
다시 되돌아오지 않게 하소서.
하여 당신 안에 온전히 침잠하게 하소서.

당신의 사랑으로
제 마음의 과녁인 당신은
제 자신보다 오히려 제게 더 가까이 계시나이다.

당신을 사랑할 때

저는 자아의 동그라미를 깨고

답변 없는 물음의 고통으로

멀어 버린 제 눈이

멀리 보려 하지 않을 때,

당신께 다가갈 수 없는

눈부심으로 눈을 감아 버릴 때,

오, 헤아릴 수 없는 이여,

사랑의 문을 통과하여

제 생의 가장 깊은 곳에 당신이 오셨을 때,

그제야 저는

당신 안에 온전히 저를 묻을 수 있나이다.

오, 신비로우신 하느님,

그제야 저의 모든 의문들을

당신 안에 묻을 수 있나이다.

― 카를 라너 신부, 〈영적 자유를 위한 기도〉[72]

여러분이 더 많이 기도할수록
기도는 그만큼 쉬워집니다.
기도가 쉬워지면 기도를 더 많이 하게 됩니다.

여러분은 일하는 동안에도 기도할 수 있습니다.
일은 기도를 방해하지 않으며
기도 또한 일을 방해하지 않습니다.
그분을 향해 아주 조금만
마음을 들어 올리는 것으로 충분합니다.

"하느님 저는 당신을 사랑합니다.
저는 당신을 신뢰합니다.
저는 당신을 믿습니다.
지금 저에겐 당신이 필요합니다."

이렇게 단순한 고백도 훌륭한 기도입니다.
 – 마더 데레사 복녀, 《모든 것은 기도에서 시작됩니다》 중에서

여러 상황에 맞는 기도의 예

이제 교회 전통에서 만날 수 있는 여러 종류의 기도를 살펴보고자 한다. 앞서 B장에서 언급했던 '기도의 종류'의 다양한 예라고 할 수 있다. 지금 나에게 부족한 기도가 무엇이고 필요한 기도가 무엇인지를 생각해 보며 기도하는 법을 연습해 보는 좋은 기회가 되길 바란다. 이 기도들은 각자 현장의 삶을 담은 진실한 기도들이기에 '나의 기도'를 준비하는 데 도움이 될 것이다.

감사기도

영광의 주님,

당신께서는 제 삶에 많은 기쁨을 가져다주셨습니다.

당신의 풍성한 축복을 제가 볼 때마다
웃음으로 당신께 감사드립니다.
배고픔으로 고통받는 어린아이들에게
먹을 것을 주는 모습을 볼 때마다

저는 눈으로 웃음 짓습니다.

당신의 부르심에 사람들이 응답하는 것을 볼 때마다
저는 입을 벌려 활짝 웃습니다.

오 주님,
제가 활짝 웃게 하시고
웃음으로 가득 채워 주소서.

그러면 저는 당신의 참된 현존을 알고
당신을 찬미하며 웃을 것입니다.

바로 이러한 놀랍고도 기쁜 웃음 때문에
감사합니다, 주님.

— 마더 데레사 복녀, 〈웃음을 통한 감사기도〉

찬미와 흠숭 I

야훼께서 나의 빛, 나의 구원이시니, 내가 누구를 두려워하리오. 야훼께서 내 생명의 피난처시니 내가 누구를 무서워하리오.

나를 잡아먹으려고 달려드는 악한 무리들 휘청거리고 쓰러지리라. 그들은 나의 원수, 나의 반대자들.

그 군대 진을 치고 에워쌀지라도 나는 조금도 두렵지 아니하리라. 군대를 몰아 달려들지라도 나는 그 속에서 마음 든든하리니.

야훼께 청하는 단 하나 나의 소원은 한평생 야훼의 성전에 머무는 그것뿐, 아침마다 그 성전에서 눈을 뜨고 야훼를 뵙는 그것만이 나의 낙이라.

나 어려운 일 당할 때마다 당신의 초막 안에 숨겨주시고 당신의 장막 그윽히 감춰주시며 바위 위에 올려 높이시리니.

에워싼 저 원수들을 내려다보며 그 장막에서 제물 바치고 환성 올리고 노래하며 야훼께 찬양하리라.

- 공동번역 성서 시편 27편 1-6절

찬미와 흠숭 II

나를 어여삐 보시고

내 기도 들어주신 야훼여,

찬미받으소서.

야훼는 나의 힘, 나의 방패,

나는 진심으로 그분을 믿고, 믿어 도움받은 것,

내 마음 기뻐 뛰놀며 감사하리라.

야훼, 당신 백성의 힘이시며,

손수 세우신 왕을 건지시고 지키시는 분이여,

당신 백성을 건지시고 당신의 유산에 복을 내리소서.

언제까지나 메고 다니며 보살피소서.

— 공동번역 성서 시편 28편 6-9절

참회기도

나자렛 예수님, 주님의 가르침을 받고 보니 제 마음속의 어두움이 부끄러워 견딜 수 없습니다.

저는 살인자입니다. 저는 간음을 했습니다. 제가 무죄하다고 말하는 것은 이 세상의 불완전한 법에 비추어 보았기 때문입니다. 제가 성낸 것이 몇 번이며, 형제를 원망한 일도 얼마나 많았는지요. 친구를 '미련한 놈'이라고 부르고, '바보'라고 욕하며 오히려 통쾌함을 느꼈습니다. 이성을 보고 음욕을 품었던 적도 많았고, 음담패설은 자주 제 입술을 더럽혔습니다.

아, 거룩하신 주님, 저를 엄하게 심판하지 마소서.

저는 죄의 자식입니다. 주님의 자비로 용서하소서. 주님의 피로 깨끗하게 하소서. 눈을 빼서 죄를 씻을 수 있다면 그렇게 하겠습니다. 하지만 죄는 눈이나 손이 아니라 제 본성에 있습니다. 마음이 더러워져 있으므로 온몸으로 주님의 가르침을 범합니다. 그래서 주님의 은총이 더욱 필요합니다. 주님의 은총으로 제 온 성품이 깨끗해지기 바랍니다. 주님은 저에게 이 기적을 행하실 수 있습니다.

아, 저는 주님 앞에 변명을 늘어놓으며 의롭다고 주장하지 않겠습니다. 죄인으로서, 살인자로서, 간음을 행한 사람으로서 오직 주님의 용서만을 빌 뿐입니다.

저는 카인이며 헤로데입니다. 저는 다른 사람의 악을 거론함으로써 제 의로움을 내세우지 않겠습니다.

다만, 죄를 참회하오니 받아 주소서.

주님의 은총으로 제가 이 세상의 소금과 빛이 되어 이생에서는 방부제와 빛의 역할을 하고 장차 올 주님 나라에서는 주님의 이름을 영원히 찬양하게 하소서.

- 우치무라 간조,[73] 〈참회의 기도〉

회개기도
저희가
생각했어야 마땅하지만
생각하지 않았던
모든 것

말했어야 했으나
말하지 않았던 모든 것

했어야만 했으나
하지 않았던 모든 것

생각하지 말았어야 했으나
생각했던 모든 것

말하지 말았어야 했으나
말했던 모든 것

하지 말았어야 했으나

했던 모든 것

이 모든 생각과 말과 행실을

오 하느님,

용서하소서

아멘

— 한희철, 〈오 하느님 용서하소서〉

청원기도

하느님, 아프고 힘든 처지에 있는 사람들과 함께해 주시며, 병든 딸을 둔 회당장에게는 "두려워하지 말고 믿기만 하여라."(마르 5,36)라고 격려해 주시고, 고난을 겪는 이들을 위해서는 "너희는 세상에서 고난을 겪을 것이다. 그러나 용기를 내어라. 내가 세상을 이겼다."(요한 16,33)라고 말씀해 주셨습니다.

저는 지금 세상살이가 너무 힘듭니다. 제가 겪어야 할 어려움이 너무 많습니다. 때론 세상살이를 포기하고픈 충동까지 일어납니다. 당신 이름을 부를 힘도, 의지도 없습니다. 잘 살아야 한다는 것을 알면서도 늘 죄만 짓는 것 같고 당신이 멀게만 느껴집니다. 그래서 몸도 마음도 많이 아픕니다. 때론 사람을 너무 약하게 만드신 당신이 원망스럽고 저를 이렇게 낳아 준 부모님도 밉습니다. 그리고 저를 가까이에서 이렇게 괴롭히는 그 사람이 죽도록 싫습니다. 저를 힘들게 하는 세상과 사람들이 무섭기만 합니다.

그러나 하느님!
제가 지금 의지할 곳은 당신이 주신 약속의 말씀 하나뿐입니다. 계속되는 세상의 어려움을 이겨 낼 믿음을 주십시오. 지금 당장 제가 해결해야 하고 지금 견뎌 내야 할 이 어둠의 터널을 당신을 향한 믿음으로 이겨 내도록 도와주십시오. 당신과 세상을 계속 원망하기보다 냉정하게 제가 해야 할 일을 깨닫고, 실천할 수 있는 힘과 용기를 주십시오. 그래서 마침내 제 아픔과 어려움을 이기게 해 주십시오.

"내가 진실로 진실로 너희에게 말한다. 너희가 내 이름으로 아버지께 청하는 것은 무엇이든지 그분께서 너희에게 주실 것이다."(요한 16,23)라는 당신의 말씀처럼, 지금 간절히 청하는 저의 이 기도를 들어주십시오.

하느님, 기도도 어떻게 해야 할지 모르겠습니다. 아무 힘도 없습니다. 정말 어찌 살아야 할지 막막합니다. 당신 안에서 제가 나아갈 길을 이끌어 주십시오!

하느님, 저는 당신만 믿습니다. 저를 지금의 이 어려운 상황에서 제발 살려 주십시오.

– 한광석, 〈진실로 진실로 당신만 믿나이다〉

서약기도

거룩하신 하느님,

……

당신 뜻에 따를 힘을 우리에게 주소서.
우리가 저지른 죄나
우리가 저지를 죄에 머물지 마시고
우리의 많은 허물에 마음 두지 마소서.
고의로 저질렀든
어쩔 수 없이 저질렀든
우리가 저지른 잘못을 기록해 두지 마소서.

주님, 인간이란 본디 미끄러지기 쉬운 존재요
나약하고 바보스러운지라
넘어지며 다치곤 하는 존재임을 기억하소서.
우리의 피부가 제법 깨끗하고 좋아 보여도
그 밑에는 썩어 고름이 나는
영혼의 종기가 감추어져 있나이다.

오, 하느님! 모든 것이 당신 처분에 달려 있음을
우리가 아오니, 당신 힘을 우리에게 주시고
우리를 붙들어 주소서.

우리로 하여금 믿음의 서약을 지키도록 도와주시고
당신 사랑의 빛으로 우리 마음을 채워 주소서.
당신 아드님의 거룩하신 가르침을
귀로만 듣는 것에 만족하지 않고
그대로 따라 살려는 간절한 마음을 허락하소서.

언제 어디서나 눈을 들어
위를 바라보는 법을 가르쳐 주시고
기도로써 하늘나라 비밀을 찾을 수 있게 도와주소서.
그리하여 우리가 하늘나라를 보는 눈길로
땅에서의 행실을 인도하게 이끌어 주소서.

– 파피루스 기도문,[74] 〈말 없는 다짐을 받으소서〉

통곡기도

예수님,

제가 당신의 발을 씻도록 허락해 주소서.

더러운 제 마음 안을 다니시느라

주님 발이 더러워졌기 때문입니다.

당신의 발에서 더러운 것들을 씻어 내도록

저를 허락하소서.

저의 못된 행실 때문에

주님의 발이 더럽혀졌기 때문입니다.

그런데, 발 씻는 데 필요한 물을 어디서 구해야 합니까?

물이 없다면 저의 눈물이라도 써야지요.

주님, 저의 눈물로써 당신 발을 씻도록 허락하소서.

그럴 때 제 자신도 씻길 것입니다.

— 암브로시오 성인, 〈주님의 발을 씻도록〉

전구기도

주님, 이 화해의 제물이

온 세상의 평화와 구원에 이바지하게 하소서.

지상의 나그네인 교회를 돌보시어

주님의 일꾼, 교황 (　)와 저희 주교 (　)와

모든 주교와 성직자와 주님께서 구원하신 온 백성과 함께

믿음과 사랑으로 굳건하게 하소서.

주님 앞에 모이게 하신 이 가족의 기원도

너그러이 받아들이소서.

인자하신 아버지

사방에 흩어진 모든 자녀를 자비로이 모아들이소서.

세상을 떠난 교우들과

주님의 뜻대로 살다가 떠난 이들을

모두 주님의 나라에 너그러이 받아들이시며

저희도 거기서 주님의 영광을 영원히 함께 누리게 하소서.

오늘 이 세상에서 불러 가신 교우 (　)를 생각하소서.

그는 세례를 통하여 성자의 죽음에 동참하였으니
그 부활도 함께 누리게 하소서.
성자께서 죽은 이들의 육신을 다시 일으키실 때에
저희의 비천한 몸도 성자의 빛나는 몸을 닮게 하소서.
또한 세상을 떠난 교우들과
주님의 뜻대로 살다가 떠난 이들을
모두 주님 나라에 너그러이 받아들이시며
저희도 거기서 주님의 영광을 영원히 함께 누리게 하소서.
저희 눈에서 눈물을 다 씻어 주실 그때에
하느님을 바로 뵈오며
주님을 닮고
끝없이 주님을 찬미하리이다.

아버지께서는 우리 주 그리스도를 통하여
세상에 온갖 좋은 것을 다 베풀어 주시나이다.

– 미사통상문, '감사기도 제3양식'

맞섬기도

오 주님, 생명의 양식이 바닥났나 봅니다.
몸은 긴장되어 있고 마음은 근심으로 가득합니다.
생의 의지도, 힘도 없습니다.

걱정을 진정시킬 수도 없고
사지를 편히 하고 쉴 힘도 없습니다.
어두운 생각들은 끊임없이 제 마음을 점령하는데
맞서 싸울 능력도 없습니다.
참나무가 폭풍에 넘어지듯
우울한 생각이 제 영혼을 넘어지게 합니다.
풍랑이 배를 흔들듯 비참한 심정이 제 영혼을 흔듭니다.
집의 기초가 흔들리듯
제 인생 전체가 먼지로 흩어질 것 같습니다.

친구들은 더 이상 저를 찾아오지 않습니다.
당신은 제 영적 형제들을 멀리 데려가셨습니다.
당신의 교회도 저를 버렸습니다.

꽃들은 더 이상 저를 위해 피지 않고

나무들은 더 이상 저를 위해 잎을 내지 않고

새들도 더 이상 제 창가에서 노래하지 않습니다.

이웃들이 저를 게으른 죄인으로 단죄합니다.

주님, 제 영혼을 일으켜 주십시오.

제 몸을 소생시켜 주십시오.

제가 시편을 읽을 때

노래하는 당신을 듣게 하소서, 주님!

당신 말씀을 읽을 때

말씀하시는 당신을 듣게 하시고

한 장 한 장 넘기며 읽을 때

당신 모습을 뵙게 하소서.

당신의 교훈을 실천에 옮기려 할 때

제 가슴을 기쁨으로 채우소서.

— 나지안조의 그레고리오 성인,[75] 〈우울할 때의 기도〉

축복기도

하느님께서 네게 쉬운 대답과 반쪽 진리, 피상적 관계에 대한 끊임없는 불편함 주셔서, 네가 과감하게 진리를 찾고 네 마음 속 깊이 사랑을 추구할 수 있기를.

하느님께서 네게 불의와 억압, 사람을 착취하는 것에 대한 거룩한 분노를 주셔서, 네가 모든 사람 가운데 정의와 자유와 평화를 위해 지치지 않고 일할 수 있기를.

하느님께서 네게 고통, 거절, 굶주림으로 인해, 혹은 소중한 것을 잃고 아파하는 이들과 함께 흘릴 눈물을 주셔서, 네가 그들을 위로하고 그들의 고통을 기쁨으로 바꿔 주기 위해 손을 내밀 수 있기를.

하느님께서 네게 정말로 이 세상을 바꿀 수 있다고 믿는 어리석음을 주셔서, 네가 하느님의 은혜로 다른 이들이 안 된다고 말하는 것을 해낼 수 있기를.

— 루스 폭스 수녀, 〈베네딕도 수도회 축복기도문〉

양심 성찰

　모든 일 속에서 하느님을 붙들고 당신의 마음이 생각과 느낌과 소망하는 모든 것 안에서 언제나 하느님을 만날 수 있도록 노력해 보십시오. 당신이 하느님을 어떻게 생각하는지 살펴보십시오.

　당신이 하느님과 특히 가까이 있다고 느끼는 순간에 그분께 대해 간직한 생각을 모든 순간에도 똑같이 간직하도록 해 보십시오. 이 세상의 쓸모없는 모든 경쟁이나 대중 속으로 하느님을 모셔 가십시오. 그렇다고 해서 하느님을 만나는 데 시장통이 교회보다 중요하다거나, 사업이 명상보다 중요하다고 말하는 것은 결코 아닙니다.

　단지 하느님에 대한 열심과 믿음과 마음을 모든 일에서 똑같이 간직하라는 것입니다. 모든 일에서 당신이 계속 이와 같은 평정을 유지할 수 있다면 하느님의 현존으로부터 당신을 떼어 낼 것은 아무것도 없습니다.

　반면에 하느님의 현존을 의식하지 못하고 여러 영성 서적을 들춰 보거나 혹은 특별한 방법이나 기술, 사람, 장소를 통하여 하느님을 발견하려 한다면 당신은 아직 하느님을 만나지 못한 것입니다. 당신은 아직까지 하느님만을 구하고 생각하고 사랑하지 않았기 때문에 쉽사리 곁길로 빠져들게 될 것입니다.

그러므로 당신에게는 모든 것이 방해가 될 수 있습니다. 좋은 친구건 나쁜 친구건, 시장통이건 교회건, 나쁜 행위건 좋은 행위건, 좋은 말이건 나쁜 말이건 말입니다. 당신이 어려움을 겪고 있는 본질적인 원인은 아직 하느님이 당신에게 전부가 되시지 않았다는 것입니다.

하느님만이 당신의 전부라면 어디를 가든지, 어떤 사람들과 함께 있든지 당신은 잘 지내게 될 것입니다. 당신이 하느님 안에 머문다면 누구도 당신을 방해하거나 당신 안에서 하느님의 일을 멈추게 할 수 없습니다.

— 에크하르트, 〈오롯한 마음만이 전부입니다〉

식사기도

주님,

저희는 날마다 쇠약해져 가는 몸을

음식으로써 일으켜 세웁니다.

식욕의 종이 되지 않기 위해서

금식도 하고 단식도 하지만

여전히 음식을 즐기는 욕구가

없어지지 않습니다.

건강의 보전을 위해서

먹고 마신다 하지만

지나치는 때가 많습니다.

건강을 유지할 만큼만 먹는다는 것이

쉽지 않습니다.

'과식, 과음, 향락으로 심장에 과중한 짐을 지우지 마라' 하신

명령을 기억하고 실행하려고 노력합니다.

단식의 은총을 주소서.

필요 이상으로 먹지 않는 사람은 성인이오나
저는 죄인이라서 그것이 어렵습니다.
음행은 피하나 과식은 피하기 어렵습니다.

저는 주님의 몸에 속한 극히 연약한 지체입니다
주님의 눈만이 저의 부족함을 보십니다.
저를 도우소서.

- 아우구스티노 성인, 〈식사를 위한 기도〉

일상기도

미사를 드리며 하루를 시작합니다

새벽 옹달샘에서 첫 샘물을 뜨듯
정갈하게 당신의 이름을 부릅니다

한 번 꽃 진 자리에서 다시 꽃이 피지 않듯
매일매일의 미사는
내가 당신께 드리는 마지막 미사입니다

미사 드리는 이 마음으로
밥 먹고
똥 누고
웃고
울며
살게 하소서

— 이대근 신부, 〈미사 日記〉

시간기도

주님,

당신은 언제나 일하시며

언제나 쉬십니다.

주님이 보시고 일하시고 쉬시는 것은

시간 안에서 일어나는 일이 아닙니다.

하지만 주님의 행동은

시간 안에 변화를 일으키고

시간 자체를 만들어 내며

시간 밖에 있는 쉼을

시간 안에서 즐기도록 하십니다.

– 아우구스티노 성인, 〈시간을 넘어, 시간 안에서〉

아침기도

목마른 긴 밤과 미명의 새벽길을 지나며

싹이 트는 씨앗에게 인사합니다

사랑이 눈물 흐르게 하듯이

생명들도 그러하기에

일일이 인사합니다

주님, 아직도 제게 주실 허락이 남았다면

주님께 한 여자가 해 드렸듯이

눈물과 향유와 미끈거리는 검은 모발로써

저도 한 사람의 발을

말없이 오래오래

닦아 주고 싶습니다

오늘 아침엔

이 한 가지 소원으로 기도드립니다

— 김남조, 〈아침기도〉[76]

저녁기도

내가 당신의 이름을 부르는

밤은 싱싱한 바다

별을 삼킨 인어人魚 되어

깊은 어둠 속을 헤엄쳐 가면

뜨거운 불향기의 당신이 오십니다

고단한 여정旅程에

살갗마다 스며든 쓰라림을

향유香油로 씻어 내며 크게 하소서

안 보이는 밤에는

더욱 잘 보이는 당신의 얼굴

눈멀어야 가까이 볼 수 있다면

눈멀게 하소서

너무 많이 사랑함도 죄일 수 있다면

죄인이게 하소서

죽음과 이별하고
소리 없이 일어서는
밤은 눈이 큰 바다

순결한 나를 그 바다 위에
떠올리게 하소서
가느단 빛의 올을 꼬리에 하늘대며
수천의 새 아침을 쏟아 내게 하소서

– 이해인 수녀, 〈밤의 기도〉

침묵기도

침묵은

양선함* 입니다.

마음이 상했지만 답변하지 않을 때

내 명예에 대한 방어를 온전히 하느님께 맡겨 드릴 때

바로 침묵은 '양선함'입니다.

침묵은 자비입니다.

형제들의 잘못을 드러내지 않을 때

지난 과거를 들추지 않고 용서할 때

판단하지 않고 마음속 깊이 변호해 줄 때

바로 침묵은 '자비'입니다.

침묵은 인내입니다.

불평 없이 고통을 당할 때

---

* 어질고 착함

사람의 위로를 찾지 않을 때
서두르지 않고 씨가 싹트는 것을 기다릴 때
바로 침묵은 '인내'입니다.

침묵은 겸손입니다.
형제들이 유명해지도록 입을 다물 때
하느님 능력의 선물이 감추어졌을 때도
내 행동이 나쁘게 평가되든 어떻게 되든 내버려 둘 때도
바로 침묵은 '겸손'입니다.

침묵은 믿음입니다.
그분이 행하시도록 침묵할 때
주님의 현존 안에 있기 위해
세상의 소리와 소음을 피할 때
그분이 아시는 것만으로 충분하기에
사람의 위로를 찾지 않을 때
바로 침묵은 '믿음'입니다.

침묵은 흠숭입니다.
"왜?"라고 묻지 않고 십자가를 포용할 때
바로 침묵은 '흠숭'입니다.

그분만이 내 마음을 이해하시면 족하기에
인간의 이해를 찾지 않고 그분의 위로를 갈망할 때
십자가의 침묵처럼 잠잠히 그분의 뜻에 모든 것을 맡길 때
침묵은 '기도'입니다.

— 토마스 머튼 수사, 〈침묵의 소중함〉

자녀를 위한 기도

사람을 기다려 주시는 하느님,

당신께는 변하지 않는 사랑이 있사옵고

저희를 구원할 힘이 있사오니,

저희 아이가 힘들어하고

갈피를 잡지 못하고 헤맬 때

부디 당신 얼굴을 돌리지 마소서.

저희 아이가 당신을 바라보지 않을 때라도

마음속 깊은 곳엔 당신 얼굴 새겨져 있사오니

다시금 당신 마음을 기억하게 도우소서.

세상일에 번거롭고 삶에 지칠 때

뒷전으로 물러난 당신 모습 힘이 되어

열렬한 믿음이 다시 솟게 하소서.

상한 갈대라도 꺾지 않으시는 하느님,

부족한 저희 아이를 지키시고 돌보시어

세상에서 받은 상처 당신 안에서 낫게 하시고

공허한 마음을 성령으로 채우시고 축복하소서.

— 한상봉, 〈신앙생활에 게으른 자녀를 위한 기도〉

근로자의 기도

오 하느님,

저는 제 두 손으로 열심히 일해서

일용할 양식을 받고 있습니다.

그 수고의 대가로 일용할 양식과 옷가지를 사고 있습니다.

매일 새벽부터 해지는 저녁 늦게까지

무거운 짐은 저를 지치게 만들고

뜨거운 태양은 저를 피곤하게 합니다.

저와 제 가족의 생활을 지탱하기 위해서는

매일 이 많은 노동을 하는 일 외에는 다른 방법이 없습니다.

매일 쉬지 않고 일하고 매일 밤 짧은 잠을 자면서

아침이 되면 다시 늦은 밤까지 일할 수 있을 것이라는

희망을 가지는 것 외에는 아무런 희망도 제겐 없습니다.

이 모든 조건에도 불구하고 저는 불평하지 않겠습니다.

대신, 오늘까지 건강과 넘치는 생기로 지켜 주신 것과

매일 필요한 것을 넉넉히 주시는 것에 대해

진실로 감사드리며, 주님의 거룩한 이름을 찬양합니다.

매일 아침 일찍 일어나서 잠자리에 들 때까지
그토록 많은 땀을 흘리며
일용할 양식을 얻으려 노력하는 일도
하느님이 제게 축복해 주시지 않는다면
오 주님, 헛된 일이 됩니다.

나의 하느님, 저로 하여금 게으르지 않도록 하소서.
포도원에서 열심히 일하는 다른 사람들과 함께 일하도록
저를 불러 보내 주소서.
주님께 봉사하는 데 소홀하지 않게 하시고
결코 다른 사람에게 짐이 되지 않게 하소서.

그런 후에 이 땅 위에서의 마지막 밤이 다가왔을 때
이 땅에서 제가 했던 모든 노동에 걸맞는
좋은 상을 허락하소서.

- 작자 미상, 〈노동자의 기도〉

용서하는 마음을 청하는 기도

주님, 저기 저 사람은 도무지 이해할 수가 없습니다.
어떻게 저런 나쁜 짓을 하면서도 자기 잘못을 모르는지요?
아니 제 잘못을 알고도 저리 뻔뻔스러울 수 있는지요?
그런데도 저 사람이 하는 일은 날로 번창하기만 합니다.

주님, 그래도 저 사람은 주님께 속한 사람이요
주님께서 지으신 존재입니다.
저 사람이 저렇게 살며 이웃을 괴롭히기를
주님은 분명히 바라시지 않는데도
주님은 그냥 그대로 두고 보십니다.

나의 하느님,
만일 이것이 주님께서 저 사람을 아직도 받아들이고
그에 대해 참고 계신다는 사실을 뜻한다면,
저 또한 받아들이고 저 사람에 대해 참을 수 있기를 바랍니다.
주님께서 저를 용납하시고 저에 대해 참으시듯 말입니다.

– 카를 라너 신부, 〈블만스런 이웃에 대한 기도〉

자연 안에서의 찬미

오, 감미로워라 가난한 내 맘에

한없이 샘솟는 정결한 사랑

오, 감미로워라 나 외롭지 않고

온 세상 만물 향기와 빛으로

피조물의 기쁨 찬미하는 여기

지극히 작은 이 몸 있음을

오, 아름다워라 저 하늘의 별들

형님인 태양과 누님인 달은

오, 아름다워라 어머니신 땅과

과일과 꽃들 바람과 불

갖가지 생명 적시는 물결

이 모든 신비가 주 찬미 찬미로

― 아시시의 프란치스코 성인, 〈태양의 찬가〉

묵상기도

땅이 꺼지는 이 요란 속에서도
언제나 당신의 속삭임에 귀 기울이게 하옵소서.

내 눈을 스쳐가는 허깨비와 무지개가
당신 빛으로 스러지게 하옵소서.
부끄러운 이 알몸을 가리울
풀잎 하나 주옵소서.

나의 노래는 당신의 사랑입니다.
당신의 이름이 내 혀를 닳게 하옵소서.

이제 다가오는 불 장마 속에서
'노아'의 배를 타게 하옵소서.
그러나 꽃잎 모양 스러져 가는
어린양들과 한가지로 있게 하옵소서.

― 구상, 〈기도〉

사랑의 기도 I

주님!

주님은 얼마나 좋은 친구이신지요!

저희가 아무리 늦게 주님께 돌아가더라도

그 큰 인내심으로 끝까지 기다리십니다.

저희가 주님을 사랑할 때 기뻐하시는 것은 물론이지만

저희가 주님을 무시하고 살 때도

주님은 저희를 거절하지 않으십니다.

주님의 인내는 제 상상을 초월합니다.

기도할 때조차도 제 마음은

세속적인 관심사와 헛된 분심으로 뒤범벅이 됩니다.

하지만 주님은 단 1초의 정직한 기도라도 기뻐 받으시고

그 기도를 사랑의 씨앗으로 만드십니다.

오 주님,

저는 주님과의 우정을 이렇게 즐거워하는데

어째서 주님을 지속적으로 생각하는 것이 불가능한지요?

― 예수의 데레사 성녀, 〈사랑의 씨앗〉

사랑의 기도 II

사랑하올 주님,
당신은 당신이 창조하신 것들을 너무나도 사랑하시어
그들 없이는 살아 계실 수 없는 분처럼 보입니다.
그렇게 당신은 우리를 지으셨고
우리가 당신을 떠나 돌아설 때마다
우리를 구원해 주셨습니다.

하지만 당신은 하느님이시기에
우리를 반드시 필요로 하지는 않으시겠지요.
우리 때문에 당신의 위대하심이 더욱 커지지도 않거니와
우리 때문에 당신의 힘이 더욱 강해지는 것도 아닙니다.

당신은 우리를 돌봐야 할 책임도 없으시고
우리에게 갚아야 할 빚도 없으십니다.
그런데도 우리를 돌보시고 우리를 구원하시는 것은 사랑
오직 사랑 때문이지요.

– 시에나의 가타리나 성녀,[77] 〈사랑 때문입니다〉

부르심의 기도

제가

여기 있습니다.

주님,

제 몸과 마음과 영혼이 있습니다.

그것들에

당신 사랑을 베푸시어

저로 하여금

온 세계에 미칠 만큼

크게 하시고

당신과 하나 될 만큼

작게 하소서.

― 마더 데레사 복녀, 〈제가 여기 있습니다〉

이렇게 여러 종류의 기도를 나열해 본 것은 제대로 기도하기 위해 내 기도의 현주소를 진단해 보려는 것이다. 가톨릭 신자들의 특징 중 하나가 기도를 한다는 신자도 소리 맞춰 외우는 구송기도에만 머무는 경우가 많다는 것이다. '사도신경'에서부터 '주님의 기도', '성모송', '영광송'에 익숙해져 있고, 이를 함께 바치는 묵주기도를 드리는 것으로 그치는 신자들이 대부분이다. 물론 묵주기도ㄱ 하느님의 구원사를 보여 주는 아름다운 기도임에는 틀림없지만, 기도에는 묵주기도만 있는 것이 아니다. 내 기도 생활이 묵주기도에만 초점이 맞춰져 있다면 다양한 기도의 맛과 깊이를 느낄 수 없다.

그러한 까닭으로 앞에서 열거한 다양한 종류의 기도를 성경과 교회 전통이 가르쳐 주고 있다. 아무리 좋은 음식이라도 매일 그것만을 먹는다면 영양분을 골고루 얻을 수 없는 것과 마찬가지다. 제철에 자기 지역에서 나는 농산물을 골고루 먹는 것이 중요하듯, 하느님과의 만남과 친교를 위해 자신의 상황과 처지에 맞는 기도를 자연스레 바치는 것이 중요하다. 묵주기도가 도움이 되기는 하지만, 그런 면에서 묵주기도를 넘어설 필요가 있다. 스트레스로 가득한 삶에서 제대로 치유되지 않은 채 맺혀 있는 나의 한을 풀어 줄 통곡기도가 때로는 필요한 것이다. 물론 통곡기도가 늘 필요한 것도 아니다. 통곡기도를 넘어서 침묵기도를 해야 할 때도 있다. 그래야 다양한 모습으로 다가오시는 인격적인 하느님을 만날 수 있다.

나의 상황과, 때와 장소에 맞아야 좋은 기도라 할 수 있다. 이런 면에서 기도의 종류를 많이 알고 직접 해 보며 균형 잡힌 인격을 찾아가는 것이 기도를 잘하는 것이라 할 수 있다. 기도는 살아 움직이는 것이며, 인격적인 하느님과 친교를 이루며 성장하는 것이기 때문이다.

요점 정리

- 기도는 언제 어디에서나 할 수 있다.
- 그러나 일반적으로 적합한 시간과 장소가 있다.
- 정해진 시간에 규칙적으로 기도를 바치는 것은 좋은 습관이요, 덕이다.
- 가정에서도 기도를 위한 시간과 장소를 마련해야 한다.
- 기도하는 시간의 길고 짧음보다 얼마나 참된 마음으로 하는가가 더 중요하다.
- 미워하는 사람이 있다면, 기도하기 전에 그를 용서할 수 있는 은총을 청해 보자.
- '주님의 기도'는 '기도 중의 기도'이자, 모든 이에게 공통된

기도다.
- 나의 성향과 상황에 맞는 솔직하고 진실한 기도를 바칠 줄 알아야 한다.
- 자신의 소명과 직분에 합당한 삶을 살아야 참된 기도를 바칠 수 있다.

성찰하기

- 어느 시간과 장소, 어떤 상황이 기도하는 데 제일 편안한가?
- 시각(성물), 청각(성가), 후각(향), 미각(성체), 촉각(스킨십) 등 우리의 오감을 일깨우면서, 미사 전례와 성사 같은 의식과 상징을 통하여서 하느님에게 향하고 있는가? 좋은 영상과 미디어에서도 하느님을 찾고 있는가?
- 때론 혼자만의 고독을 즐기고, 청빈하고 정결하며 단순한 삶을 살려고 하는가? 세상에서 도피하거나 자기중심적 결과를 얻기 위한 수단으로 그렇게 하는 것은 늘 조심해야 한다.
- 항상 자기 자신만 생각하고 기도하는 것이 아니라 공동선을 위해서도 깨어 있으려고 하는가? 어느 한편을 절대 악으로 규정하려는 편협함을 경계하고 개인의 회개 없이 영웅 심리

에 젖어 드는 것을 조심해야 한다.
- 내 기도가 이루어졌을 때, 하느님과 이웃, 세상에 어떤 도움이 되는지 생각해 보자.
- 이웃 사랑을 실천하고 있는가? 그러나 그것은 내 욕구를 채우려는 봉사가 아니다. 가까운 이들, 특히 배우자와 가족들 중에 나에게 소외당하는 사람은 없는가?
- 내가 좋아하고 즐거워하는 일이나 받은 능력과 열정을 통하여 하느님에게 다가가고 있는가? 좋은 기분에만 매달려 희생과 배려가 없는, 이기적 욕심을 품고 살지는 않는지 살펴보자.
- 하느님에 대해 꾸준히 질문하고 배우며 새로움을 충전하고 있는가? 보이기 위한 지식이나 행동이 따르지 않는 지식은 경계해야 한다.
- 내가 계속 버리지 못하는 게 무엇이고, 어떤 이유 때문인지 스스로에게 물어보자.

체험하기

- 세상에는 다른 성향의 사람들이 함께 어울려 살아가고 있다. 살아온 배경도 다르고 상황과 처지도 모두 다르다. 자신이 어떤 성향을 가진 사람인지 스스로 바라볼 수 있어야 한다. 자신의 장점을 키워 보자. 자기 기준으로 함부로 다른 성향의 사람을 판단하지 말자. 다름을 깊이 이해하면 할수록 성숙한 기도와 신앙생활에 접근하게 될 것이다.
- 나에게 부족한 부분이 무엇인지, 너가 나눌 수 있는 부분이 무엇인지 겸손히 알아 가는 조화로운 인격을 가진 사람이 성숙한 신앙인이다. 이런 사람은 이미 하느님과 인격적인 만남과 친교를 나누는 삶을 살아가는 것이다.
- 나의 고백을 담은 '나만의 기도문'을 자주 써 보도록 하자.

- 호흡을 가다듬는 것이 기도에 도움이 된다. 그리고 《매일미사》의 독서와 복음을 읽고 묵상하며 하루에 적어도 30분 동안 자신만의 시간과 공간을 내어 다양한 기도를 해 보자. 그날그날 나의 생각과 계획, 고민까지도 모두 봉헌하는 연습을 해 보자.
- 하느님이 나와 맺는 관계는 다른 누구와도 맺지 않으시는 유일하고 소중한 관계임을 기억하자. 그 초대에 기쁨으로 응답하자.

나오는 글

한계를 넓히는 기도

그리스도교 신앙의 원천인 하느님을 통하여 기도를 살펴보았다. 최근 10년간 전 세계적으로 유행이었던 뉴에이지 운동이나 동서양 종교의 명상법을 사용한 심신 수련법이 있다. 그러나 우리의 기도는 몸과 정신의 능력을 최대화하기 위한 명상이 아니다. 우리의 기도는 사랑으로 세상을 창조하시고 예수님과 교회를 통하여 세상을 구원하시는 삼위일체의 하느님을 향한 것이다. 기도는 하느님이 거저 주시는 사랑과 현존하시는 하느님을 느끼고 감사하며 청하고 응답하는 관계 그 자체다. 하느님과 깊은 친교를 이룬다는 것은 관상의 상태에 있는 것이기에, 모든 기도는 관상적인 면[78]을 지녀야 한다. 구송기도는 단순히 말로 소리만 내는 것이 목적이 아니고, 묵상기도 역시 생각의 차원에서 머무는 것이 아니다. 하느님과의 깊은 친교가 목적이기 때문이다. 성숙한 그리스도인이 된다는 것은 기도를 올바르게 한다는 뜻이고, 그 정점은 관상기도이기에 우리 모두가 초대를 받았다고 해도 과언이 아닐 것이다. 그래서 그리스도인의 생활은 기도와 불가분의 관계에 있다.

여러 기도문 중 '주님의 기도'는 기도 중의 기도다. 매일 적어도 한 번은 '주님의 기도'를 천천히 음미하며 정성껏 바치기를 다시 한 번 권한다. 이 기도로써 우리는 하느님을 우리 아버지라고 부르며 이미 전 인류와 형제됨을 받아들이고 우리가 하느님에게 무엇인가를 주문할 상황이 아니라는 것을 인정하게 된다. 만일 이것이 싫다면 '주님의 기도'를 '나의 아버지'나 '나의 충실한 종'이라고 바꾸어야 할 것이다. 하느님의 영광과 뜻, 그리고 하느님 나라가 오기를 먼저 청하신 예수님처럼 기도해야 한다. 예수님의 가르침에 비추어 보지 않은 채 누군가에게 해가 될지도 모르는 성공이나 물질적인 풍요를 원한다면, 무엇인가 잘못되고 있는 것이다. 부자가 되기를 청하기보다 일용할 양식만 구하신 기도의 의미를 되새겨, 혹시라도 탐욕에 바탕한 원의願意가 있는지 돌아보자. 나쁜 일인지 알면서 우선 해 놓고 들키지 않기만을 바라지 말고, 내가 하는 선택과 그 결과가 정말 하느님이 보시기에 기쁜 일일지 여쭙는 마음으로 일상을 대하는 것이 자신의 삶으로 '주님의 기도'를 드리는 일이다.

예수님의 기도는 개인의 구원이나 삶이라는 좁은 지평에 머무르지는 않았으며, 교회도 2천 년의 역사 동안 끊임없이 사회적인 악과 불의에 맞서 왔다. 교회가 하느님의 뜻이 '지금 여기에서' 이루어지기 위한 일에 동참했고, 가난한 사람의 구제를 넘어 가난을 줄일 방법을 함께 모색했음을 주목하자.

이런 개인적 차원을 넘어 귀 기울여야 할 흥미로운 발표가 있었다. 교황청은 지난 2008년 3월에 기관지 〈로세르바토레 로마노L'Osservatore Romano〉에 회개가 필요한 '세계화 시대의 신新 칠죄종'을 발표했다. 모든 죄의 근원이라는 칠죄종[79]은 교만, 인색, 음욕, 분노, 탐욕, 질투, 나태다. 그리스도교 교리에서 이 칠죄종은 주요한 사회 병폐의 주범으로 지목된다. 이것은 로마 시대에 그레고리오 교황이 정리한 것으로, 중세 시대 단테의 《신곡》 '연옥편'에 소개된 뒤 그리스도교 사회 전반에 걸쳐 금기시되어 왔다. 〈로세르바토레 로마노〉에 따르면, 교황청 내사원의 지안프랑코 지로티 주교는 "사제들은 멈출 수 없는 세계화의 과정에 따라 수반되는 새로운 죄악들이 나타나고 있음을 고려해야 한다."라며 새로운 7대 죄악을 열거했다. 로마 시대인 6세기에 7대 죄악을 정리한 지 1500년 만에 교황청이 시대적 변화에 따라 7대 죄악을 새롭게 정리한 것이다. 지로티 주교가 손꼽은 7대 죄악은 환경 파괴, 윤리적 논란을 부르는 과학 실험, 유전자 DNA를 조작하는 유전자 실험과 배아 줄기세포 연구, 마약 거래, 소수에 의한 과도한 부의 축적으로 인한 사회적 불공정, 낙태, 소아 성애性愛다. 세속화된 세상에서 죄의식이 사라져 가고 있지만 그래도 피해야 할 죄를 명확히 밝힌 것이다.

 기존의 칠죄종은 개인적인 문제와 관련이 있었던 것에 비해, 새로운 칠죄종은 개인의 문제뿐만 아니라 사회적이고 생태적인 성격을 함께 담고 있다.

기도는 기도하는 사람의 한계를 넓히는 특성이 있다. 기도를 통하여 다른 사람과 다른 생명체에 관심을 갖게 되고, 그들의 아픔을 함께하게 된다. 나의 아픔이 다른 사람의 아픔이요, 다른 사람의 아픔이 다른 생명체의 아픔임을 깨닫게 된다. 예수님도 이른 새벽에 혹은 밤늦도록 홀로 기도하시며 모든 인간과 생명의 소리를 들으셨을 것이다. 낮에는 사람들을 찾아다니며 하느님 나라의 기쁜 소식을 전했고, 아프고 힘든 이들을 위해 치유하는 일도 마다하지 않으셨다. 그분은 '영광스러운 모습으로 변모하신 이야기'(마태 17,1-9; 마르 9,2-10; 루카 9,28-36 참조)에서 보듯, 아름다운 산의 멋진 별장에서 신비주의를 추구하며 웰빙의 안락한 삶과 황홀경에만 머무르지 않으셨다. 가난한 이들을 좋아하셨지만 그들뿐만 아니라 누구와도 만나 이야기를 나누셨다. 당신의 손길을 기다리는 많은 사람들에게 다가가서 몸소 하느님의 사랑을 실천하셨다. 그것이 예수님의 일상적 삶이요, 기도였다.

이처럼 기도를 잘하는 사람은 기도를 통하여 의식과 체험의 지평이 확대되었기 때문에 보통 사람이 가진 의식의 한계를 넘어선다고 할 수 있다. 보통 사람이 생각하지 못하고, 보지 못하고, 느끼지 못하는 많은 진실을 보고, 느끼고, 함께 소통하는 사람이다. 바오로 사도는 코린토 신자들에게 보낸 첫째 서간에서 교회를 '그리스도의 몸'이라고 말했다(1코린 12,12-31 참조). 교회를 당신의 몸이 되도록 초대하신 예수님으로부터 비롯한 다양성과 일치를 묘사하기 위해 이런 비유를 한 것이다. 몸의 각 지체는 저마다 존엄성은 물론, 고유한 능력과 의무를 지닌다. 그러므로 우리는 그리스도의 몸을 건설하기 위해 공동체와의 연대감 속에서 각자의 다양한 능력을 사용해 하느님에게 나아가야 한다. 자기 자신과의 관계, 이웃과의 관계, 다른 생명체와의 관계가 곧 하느님과의 관계라 할 수 있다. 하느님은 직접 뵐 수 있는 분이 아니지만 눈에 보이는 생명체를 통하여 간접적으로 체험할 수 있는 분이시기 때문이다. 참된 기도를 통하여 인격적인 하느님과 친교를 나누는 가운데 모든 창조물인 형제자매들을 존중하며 이런 우리의 사명을 계속 이어 가야 한다. 그 안에 참된 기도와 그 열매가 있다. 곧 기도는 진행형인 우리의 삶이고, 자신의 전인격을 바쳐 사랑하는 것이다.

문을 닫으며

기도에 맛 들이는 삶

경제가 계속 성장을 하면 더 많은 일자리와 행복이 따라올 것이라는 장밋빛 환상이 사라지고, 성장 속에서도 일자리가 늘지 않거나 오히려 줄어드는 '고용 없는 성장'이 전 세계적인 현상으로 자리 잡았다. 그런데 신앙에도 비슷한 모토가 적용될 수 있다. 외형적으로 신자의 숫자는 늘어 가는데, 신앙 공동체의 성숙함은 그만큼 깊어지지 않는 것 같다. '성숙 없는 성장'이 계속되고 있는 것이다. 세상의 빛과 소금의 역할을 잃어 간다. 그래서 "어떻게 성숙해질 수 있을까?"라는 질문을 한다면, 우리 그리스도인의 본질에 충실한 삶을 살아야 한다고 대답할 수 있다. 그것을 더 간단히 말하자면, '제대로 기도하는 생활'을 살아야 한다는 것이다.

지금까지 기도에 대해 많은 이야기를 나누었다. 이 글을 쓰면서 오히려 스스로를 되돌아볼 기회를 주신 하느님에게 감사드릴 뿐이다. 기도는 실제로 기도를 할 때만 의미가 있다. 아무리 이론적으로 기도를 알고 있어도, 자신이 직접 해 보지 않으면 아무 의미가 없다. 우리 일상에서 우선 마음을 가라앉히는 깊은 호흡을 통하여 잡념과 맞서고, 감사와 찬미를 통하여 그분에게 다가서며, 자신을 내려놓는 시간과 마음의 공간을 마련해 보자. 그리고 각자의 방법으로 그분에게 다가가 보자. 기도가 무엇인지 아는 것과 기도하는 삶은 다른 것이기에, 이 글을 통하여 상대적으로 교육의 기회가 적은 해외 교포들이나 기도를 다시 시작하려는 신자들이 기도에 맛 들이고 살아가는 데 조금이나마 도움이 되기를 진심으로 바란다.

하루 동안 모든 일의 시작과 끝을 기도로 해 보시길 다시 한 번 권한다. 그리고 하느님이 안 계시다고 느껴지거나 그분과 멀어졌다고 느껴질 때라도, 그것은 '내 느낌일 뿐' 하느님은 언제나 나와 함께하고 계심을 기억했으면 좋겠다. 하느님과 오랫동안 사귀다 보면 웃을 때도 있지만 울 때도 있고, 좋을 때도 있지만 마음이 상할 때도 있다. 친하게 느껴질 때도 있지만 멀게 느껴지거나 아무 느낌이 들지 않을 때도 있다. 이 모든 것이 친교를 나눌 때 겪는 자연스럽고 의미 있는 과정이다. 세상에서 하는 일마다 어렵고 세상의 부조리와 악이 판치는 것 같아도, 하느님이 잠자고 계신 것은 아니다. 다만 그분의 뜻을 헤아리고 자신을 그분에게 투신하는 신앙인으로서 부족함이 있어 더 힘들게 느껴지는 것이기에 결국 하느님이 거대한 선善으로 우리를 이끌어 주시리라는 믿음을 잃지 않도록 하자. 물질적 축복과 세속적 성공에만 기도와 삶의 목표를 맞추지 말자. 혹시 내 인생이 세상의 눈에는 실패로 보일지라도 하느님은 얼마든지 다르게 보실 수 있음을 기억하면서 말이다.

사랑의 주님,
극심한 내적 근심과 혼란 속에 있을 때
제가 느끼거나 이해하지 못하는 방법으로
주님이 제 안에서 일하시리라는 생각이

저에게 위로를 줍니다.

주님에게 집중할 수 없고,
마음의 중심이 흔들리고
마치 주님이 저를 버려두고 떠나신 것 같은 의심에 빠집니다.
그러나 믿음 안에서 주님을 붙잡습니다.

주님의 영은 제 마음과 생각보다
더 깊이, 더 멀리 닿는다는 것을
그 심오한 움직임은 쉽게 알아차릴 수 없다는 것을
제가 알기 때문입니다.

하오니 주님, 도망가지도, 포기하지도,
기도를 멈추지도 않겠습니다.
그 모든 일이 소용없고 의미 없고 시간과 노력을
낭비하는 것처럼 보일 때에도, 그만두지 않겠습니다.

주님의 사랑을 느끼지 못할지라도

제가 주님을 사랑하고 있다는 것을,
제가 때로 실망하더라도 여전히 주님에게
소망을 두고 있음을 아셨으면 합니다.

이것이 저보다 더 고통받는 수백만의 인류와 연대하게 하는,
주님과 함께, 주님을 위해 당하는
작은 죽음이 되게 하소서.

― 헨리 나우웬, 〈작은 죽음이 되게 하소서〉

Z 부록

함께 읽으면 좋은 책

1 《영성생활이란 무엇인가?》, 심종혁 저, 이냐시오 영성연구소, 2011.
  - 예수회 신부이자 서강대학교 영성신학 교수인 심종혁 신부의 최근 저서로 예수회 센터에서 진행된 '영성의 향기' 강좌를 출판한 책. 우리가 잘못 이해할 수 있는 영성의 올바른 개념과 각자 삶의 자리에서 어떻게 하느님을 만날 수 있는지를 알려 주는 책.

2 《기도, 영혼이 다시 태어나는 순간》, 곽승룡 저, 바오로딸, 2011.
  - 쉽고 친근한 강좌와 저서로 활발한 활동을 하시는 대전가톨릭대학교 곽승룡 신부의 최근 저서. 청원기도, 용서기도, 마음기도, 영혼기도로 구성되어 있으며, 성경 구절뿐만 아니라 저자의 경험이 어우러져 기도의 핵심에 쉽게 다가갈 수 있도록 안내한 책.

3 《기도하는 법을 가르쳐 주십시오》, 안드레아 가스파리노 저, 최영

희·이진숙 공역, 가톨릭대학교 출판부, 2013.
- 이탈리아에서 '기도의 학교'를 운영하는 신부가 쓴 기도 안내서. 기도 초보자를 위한 권고와 규칙들에서 시작하여 구체적으로 기도를 따라 할 수 있도록 친절하고 쉽게 풀이한 책.

4 《기도와 삶》, 정대식 저, 가톨릭출판사, 2003.
- 한국 가르멜 수도회 초대 지부장을 역임한 정대식 신부의 저서. 기도의 정의에서 출발하여 관상기도에 이르기까지 신앙인의 기도를 기본부터 깊이 있게 다룬 기도 입문서.

5 《하느님께 나아가는 세 가지 여행》, 정규한 저, 성서와함께, 2010.
- 예수회 신부인 저자가 이냐시오식 기도 방법에 근거하여, 내면을 들여다보고 주변을 돌아보며 하느님에게 나아가는 여정을 잘 소개한 책.

6 《가슴으로 드리는 기도》(1~3권), 정규한 저, 성서와함께, 2000·2004·2005.
- 어떤 기도를 해야 할지, 어떻게 기도를 맛 들일지 알려 주는 시리즈 도서. '하느님과의 일치를 향한 여정'이라는 부제로 출판되었다.

7 《사랑에 이르는 기도》, J. S. 버간·M. 슈완 공저, 이훈·유진희 공역, 이냐시오 영성연구소, 2009.
- 예수회의 뿌리인 이냐시오 데 로욜라 성인의 생애와 영성, 그리고 열다섯 가지 주제에 따라 묵상할 수 있도록 안내해 주는 책. 이냐

시오 영신 수련과는 달리, 성경 구절보다 이냐시오 데 로욜라 성인의 삶과 가르침을 중심으로 묵상과 성찰을 전개하여 이냐시오 영성에 관심 있는 분들에게 도움이 될 것이다.

8 《통하는 기도》, 차동엽 저, 김인중 그림, 위즈앤비즈, 2008.
- 《무지개 원리》로 화제가 된 차동엽 신부님이 '주님의 기도'에 따라 스물네 가지 기도를 할 수 있도록 안내하는 기도 안내서.

9 《가장 완전한 기도》, 배문한 저, 가톨릭출판사, 2000.
- '주님의 기도'를 여덟 부분으로 나누어 해설하며, 기도의 각 소절이 담고 있는 신학적 의미를 성경 구절과 일상 경험을 사용하여 쉽게 풀이했다.

10 《희망과 기도》, 호트프리트 단네일스 저, 김영중 역, 김인중 그림, 여백, 2012.
- 벨기에의 단네일스 추기경이 최근의 환경 문제와 사회 문제까지 아우르며 '주님의 기도'를 통하여 희망과 믿음의 메시지를 주는 내용으로, '주님의 기도'를 좀 더 깊이 알 수 있다.

11 《수도 전통에 따른 렉시오 디비나》(1~2권), 허성준 저, 분도출판사, 2009·2012.
- 베네딕도 수도회 신부이면서 렉시오 디비나를 학문적으로 연구한 신부가 직접 고대부터 전해 내려온 렉시오 디비나의 기원과 발전 과정을 상세히 설명했다. 렉시오 디비나에 대한 많은 정보가 있는

현대에 성경을 통하여 하느님을 만나는 관상기도의 원형을 제시한 책이다.

12 《프란치스칸 기도》, 일리아 델리오 저, 조원영 역, 프란치스코 출판사, 2009.
 - 프란치스코 수녀회의 일리아 델리오 수녀가 아시시의 프란치스코 성인과 보나벤투라 성인의 삶과 가르침을 바탕으로 프란치스코 기도회의 영성을 풀이했다.

13 《영성과 기도 생활》, 조옥진 저, 성서와함께, 2000.
 - 심리학을 전공한 조옥진 신부의 저서로 MBTI 성격 유형에 따른 기도 방법과 쉽게 다가갈 수 있는 영성을 연결시켜 자신의 성격에 따른 기도 방법을 찾는 데 도움을 준다.

주석

1) "그 때에 주 하느님께서 흙의 먼지로 사람을 빚으시고, 그 코에 생명의 숨을 불어넣으시니, 사람이 생몸체가 되었다."(창세 2,7)
2) 김영봉 저, 《사귐의 기도》, IVP, 2002.
3) "이스라엘 자손들은 다시 바알들을 따르며 불륜을 저지르고, 바알 브릿을 자기들의 신으로 삼았다."(판관 8,33)
4) 구약 성경의 욥기가 주는 교훈이다. 욥의 친구들은 욥이 무엇인가 잘못한 게 있어서 고통을 당한다고 생각했지만 고통은 인간이 다 알 수 없는, '원인과 결과'를 넘어서는 신비로운 차원의 것이다. 사랑도 고통도 논리적으로 다 설명할 수 없는, 인과율을 넘어서는 차원의 영역이 있다.
5) "나에게 '주님, 주님!' 한다고 모두 하늘나라에 들어가는 것이 아니다. 하늘에 계신 내 아버지의 뜻을 실행하는 이라야 들어간다."(마태 7,21)

6) "너희는 기도할 때에 다른 민족 사람들처럼 빈말을 되풀이하지 마라. 그들은 말을 많이 해야 들어 주시는 줄로 생각한다."(마태 6,7)
7) 예수의 데레사 성녀 저, 최민순 역, 《영혼의 성》, 바오로딸, 1970.
8) 에크하르트(1260?~1327년)는 독일의 도미니코회 수도자이자 신비주의 사상가다.
9) 찬양은 하느님이 진정한 하느님이심을 한결 더 직접적으로 인정하는 기도의 형태다. 찬양은, 하느님이시기 때문에 하느님을 기리는 것이다. "시편과 찬미가와 영가로 서로 화답하고, 마음으로 주님께 노래하며 그분을 찬양하십시오."(에페 5,19) "영감을 받은 신약 성경의 저자들이 그러했듯이, 초기의 그리스도교 공동체들도 시편을 새로운 각도에서 읽고, 시편으로 그리스도의 신비를 노래하였다." (《가톨릭 교회 교리서》 2641항).
10) "너희는 먼저 하느님의 나라와 그분의 의로움을 찾아라. 그러면 이 모든 것도 곁들여 받게 될 것이다."(마태 6,33)
11) 판관기를 보면, 입타는 암몬 자손들과의 싸움에서 승리하고 돌아올 때에 누구든지 자신을 영접하러 자기 집 문을 처음으로 나오는 사람을 하느님에게 번제물로 바친다고 서원하였다. 그런데 그의 무남독녀가 처음으로 입타를 영접했기에 딸을 제물로 바친 비정한 아버지가 된 것이다(판관 11,30-40 참조).
12) "너희는 창녀의 해웃값이나 남창의 몸값을, 주 너희 하느님의 집에 어떤 서원 제물로도 가져와서는 안 된다. 주 너희 하느님께서는 둘 다 역겨워하신다."(신명 23,19)
13) 일반적으로 개신교회는 살아 있는 이들을 위해서만 기도하는데, 그것은 옳지 않다. 왜냐하면 하느님은 죽은 이와 산 이 모두의 하

느님이시고, 하느님 안에 있는 이들은 모두 살아 있기 때문이다. "그분은 죽은 이들의 하느님이 아니라 산 이들의 하느님이시다. 사실 하느님께는 모든 사람이 살아 있는 것이다."(루카 20,38) 그래서 미사에서는 살아 있는 이와 죽은 이를 위한 지향으로 함께 기도한다.

14) "하느님께서 그들에게 복을 내리며 말씀하셨다. '자식을 많이 낳고 번성하여 땅을 가득 채우고 지배하여라. 그리고 바다의 물고기와 하늘의 새와 땅을 기어 다니는 온갖 생물을 다스려라.'"(창세 1,28)

15) 불교에서 가장 중요한 수행법 중에 하나로 알려진 비발사나관毗鉢舍那觀 명상법은 자신의 심신에서 일어나는 현상을 '있는 그대로' 알아차리는 것을 말한다. 즉, 눈을 감았든 떴든 상관없이, 어떤 행동을 하든지와 상관없이 자신의 심신을 아주 세심하게 알아차리는 것인데, 수행자는 대소변을 보는 순간까지도 자신의 심신 현상을 알아차려야 한다. 지극히 추잡하게 여겨지는 삶의 모든 국면까지도 명상하는 것이 붓다의 비발사나관 수행법(김정빈 저, 《소설경》, 문학의 문학, 2012 참조)인데, 양심 성찰을 통하여 자신의 심신을 살피는 일도 이와 다르지 않다.

16) "글을 쓰는 것은 영적인 훈련입니다. 글을 씀으로써 우리는 주의를 집중할 수 있으며, 용솟음치는 우리의 마음과 접할 수 있으며, 우리의 생각을 정화할 수 있으며, 혼란스런 감정을 정리할 수 있으며, 과거의 경험을 되새길 수 있으며, 우리가 살고 있는 삶을 정교하게 표현할 수 있으며, 주요한 일들을 우리의 기억 속에 간직할 수 있습니다."(헨리 나우웬 저, 윤종석 역, 《영성수업》, 두란노, 2007)

17) "너는 기도할 때 골방에 들어가 문을 닫은 다음, 숨어 계신 네 아버지께 기도하여라. 그러면 숨은 일도 보시는 네 아버지께서 너에게 갚아 주실 것이다."(마태 6,6)라는 예수님의 말씀대로, 조용히 기도할 수 있는 장소, 특히 가정에서 혼자 기도를 드릴 수 있는 장소를 마련하여 기도처로 삼으면 신앙이 성숙하는 데 많은 도움을 받을 수 있다.

18) '지금 내가 있는 이곳'은 일터, 학교, 가정, 자동차, 자연, 침상 등 다양할 것이다. 특히 예수님은 많은 자연물을 비유해 하느님 나라를 설명해 주셨기에, 베르나르도 성인이 "책에서 배우는 것보다 숲에서 배우는 것이 더 많다."라고 말한 것처럼 자연은 우리를 기도로 부르는 거룩한 성지라고 할 수 있다.

19) 예수님은 많은 종류의 병자들을 치유해 주셨고 제자들에게도 그 능력을 주셨다(마태 10,5-8; 마르 6,7-13; 루카 9,1-6 참조). 이 같은 전통에서 보면 병자 자신이 혹은 그를 사랑하는 사람들이 치유를 위해 기도하는 것은 당연한 일이다. 지금은 그 역할의 많은 부분을 병원에서 담당하고 있다. 서양 최초의 병원이 가톨릭교회에 의해 설립된 것도 바로 그런 예수님의 치유 사명을 이어 가기 위한 것이었다. 따라서 기도와 의학은 양자택일의 대상이 아니라 보완의 대상이므로, 의학을 거부하고 기도와 안수에만 매달리는 것은 문제라 할 수 있다. 또한 기도가 너무 치유에만 집중되면, 낫지 못하거나 장애를 입었을 때 큰 실망에 빠질 수 있다. 하느님과 자연의 순리에 따른다고 하면서 투병 의지를 포기하는 것도 잘못이지만, 싸워 이기는 것만이 하느님의 뜻인 것처럼 생각하는 것도 잘못이다. 때론 질병과 장애를 친구처럼 안고 살아야 한다. 야

곱은 야뽁 강에서 밤새 씨름한 날부터 장애를 짊어지고 살아야 했다. 하지만 그는 그것을 불평하지 않았다. 바오로도 자신의 질병 치유를 위해 간절히 기도했지만, 기적적인 치유의 응답이 없자, 그 질병과 함께 사는 것을 하느님의 뜻으로 받아들였다. 이미 받은 은총이 너무 컸기 때문이다. 치유와 장수를 간절히 기도하고 바라는 동시에 극복될 수 없는 병과 죽음도 받아들일 준비를 하는 것이 신앙인의 미덕일 것이다. 또한 뉴스의 사회면을 장식하는 자살, 우울증, 정신 질환 등 만연한 현대적 현상과 질병에 맞서 내적 치유를 통하여 도움을 줄 수 있는 의학적이고 영성적인 준비와 대처도 필요하다.

20) 때론 우리의 영적 체험 욕구도 절제해야 한다. 기도가 언제나 우리에게 무슨 메시지를 전달해 주는 것이 아니기 때문이다. 그리고 개인기도의 식별을 위해 그의 삶에서 성령의 열매가 풍성하게 나타나고 있는지를 봐야 한다.

21) 성경에는 단식과 관련된 여러 구절이 있다(다니 9,3-19; 2사무 1,12; 1열왕 21,9; 에스 4,3; 시편 35,13; 마태 6.16-18 참조).

22) 단식의 대상은 음식 외에도 얼마든지 있다. TV, 인터넷, 휴대 전화, 술, 담배 등이 이에 해당한다. 의존성을 부추기는 여러 가지를 포기함으로써 하느님 안에서 내적 기쁨과 위로를 맛볼 수 있다.

23) 삼시(오전 아홉 시), 육시(정오), 구시(오후 세 시).

24) "이튿날 길을 가던 그들이 그 도시 가까이 이르렀을 즈음, 베드로는 기도하러 옥상에 올라갔다. 때는 정오쯤이었다."(사도 10,9)

25) "주님, 아침에 제 목소리 들어 주시겠기에 아침부터 당신께 청을 올리고 애틋이 기다립니다."(시편 5,4)

26) "하느님께서 그 안에 계시니 흔들리지 않네. 하느님께서 동틀 녘에 구해 주시네."(시편 46,6)

27) "다음 날 새벽 아직 캄캄할 때, 예수님께서는 일어나 외딴곳으로 나가시어 그곳에서 기도하셨다."(마르 1,35)

28) 스트레스로 인한 불면증의 경우 우울증과 관련이 있을 때가 많은데, 하느님과 함께 밤을 밝히는 친밀한 기도야말로 마음을 진정시키는 데 큰 도움이 된다.

29) 묵상기도를 하는 방법으로 침묵을 유지하는 것이다. 그래서 대부분의 수도원 공동체는 평생 말을 하지 않거나 일정한 시간 동안 말하지 않고 지낸다. 불필요한 잡담은 에너지를 소진시키고 생각을 어지럽혀 하느님에게 집중하지 못하게 할 때가 많기 때문이다. 저녁에 한두 시간만이라도 TV를 보지 않거나 인터넷을 하지 않고 조용히 침묵해 보면 우리의 삶이 얼마나 산만했는지 알게 될 것이다.

30) 히브리어로 방언을 뜻하는 라숀לשון은 표준어가 아닌 지방 사투리를 말한다.

31) "그들은 모두 성령으로 가득 차, 성령께서 표현의 능력을 주시는 대로 다른 언어들로 말하기 시작하였다. …… 제자들이 말하는 것을 저마다 자기 지방 말로 듣고 어리둥절해하였다. …… '그런데 우리가 저마다 자기가 태어난 지방 말로 듣고 있으니 어찌 된 일인가? 파르티아 사람, 메디아 사람, 엘람 사람, 또 메소포타미아와 유대와 카파도키아와 폰토스와 아시아 주민, 프리기아와 팜필리아와 이집트 주민, 키레네 부근 리비아의 여러 지방 주민, 여기에 머무르는 로마인, 유대인과 유대교로 개종한 이들, 그리고

크레타 사람과 아라비아 사람인 우리가 저들이 하느님의 위업을 말하는 것을 저마다 자기 언어로 듣고 있지 않는가?"(사도 2,4-11)

32) "믿는 이들에게는 이러한 표징들이 따를 것이다. 곧 내 이름으로 마귀들을 쫓아내고 새로운 언어들을 말하며"(마르 16,17)

33) "어떤 이에게는 기적을 일으키는 은사가, 어떤 이에게는 예언을 하는 은사가, 어떤 이에게는 영들을 식별하는 은사가, 어떤 이에게는 여러 가지 신령한 언어를 말하는 은사가, 어떤 이에게는 신령한 언어를 해석하는 은사가 주어집니다."(1코린 12,10)

34) 바오로 사도는 코린토 신자들에게 "나는 여러분 가운데 누구보다도 더 많이 신령한 언어로 말할 수 있습니다. 그러나 나는 교회에서 신령한 언어로 만 마디 말을 하기보다, 다른 이들을 가르칠 수 있게 내 이성으로 다섯 마디 말을 하고 싶습니다."(1코린 14,18-19)라고 말하며, 평범하지만 식별력 있는 기도와 상식의 중요성을 강조했다. 그러나 가장 최고의 은사는 사랑이다(1코린 13,1-2 참조).

35) 예수기도는 일종의 청원기도로, 사제나 부제, 성가대 등이 선창하고 신자들이 응답하는 형태의 기도다. 선창자가 여러 가지 청원의 기도를 하면 그때마다 일정한 문구, 예를 들면 "예수님, 우리의 기도를 들어 주소서.", "우리를 구하소서.", "우리를 불쌍히 여기소서." 등이 뒤따르는 형태도 있고, 선창자가 선창하는 내용을 그대로 신자들이 다시 반복하는 형태(예를 들면 자비를 구하는 기도)도 있다. 구약 성경에 이미 그 전형典型이 보인다(시편 118장; 136장; 다니 3,51-90 참조). 4세기에 동방 교회에서 시작되어 5세기 말에 로마로 전해졌다. 교황직에 있던 젤라시오 1세 성인은 호칭기도를 미사 경문에 삽입했고, 행렬이나 특별한 의식에서 사용하였다. 또

한 성모 마리아를 비롯하여 예언자, 천사, 사도, 주교, 증거자, 순교자, 동정녀 등 여러 성인들을 호칭하며 탄원하는 모든 성인의 호칭기도도 생겨났다. 590년, 교황직에 있던 그레고리오 1세 성인은 로마를 황폐하게 했던 전염병이 물러간 것을 감사하는 공적인 종교 행렬에서 이 기도를 바치게 하였다. 오늘날 가톨릭교회에서 긴 형태의 모든 성인들의 호칭기도는 보다 장엄한 중재기도를 바칠 때 사용되며, 짧은 형태의 것은 서품식과 성당 축성식, 부활 전야제 등에서 사용된다(한국가톨릭대사전 편찬위원회 편저,《가톨릭대사전》12권, 한국교회사연구소, 2006, '호칭기도' 참조).

36) '호흡기도'라고도 불리는 이 기도는 6, 7세기 초의 이집트 수도자인 필레몬의 전기에서도 발견된다. 성경의 여러 곳에서 말의 중요성을 강조하는데, 중요한 것은 말의 양이 아니라 말의 질이다. 예수기도는 투박하고 진실한 말을 하며, 깊은 호흡을 통하여 하느님의 이름을 부르며 우리를 단순화시켜 하느님에게 집중할 수 있게 도와준다. 여기에서 파생된 것 중 하나가 '예수마음기도'다. 예수님의 마음에 내 마음을 합하여 하느님에게 드리는 기도인데, 예를 들어 "당신의 흠숭하심에 저를 온전히 합하나이다."라는 문구를 선택했다면, 화살기도를 바치듯이 이 짧은 기도문을 계속 바치는 것이다.

37) 예수기도의 기본적인 순서는 다음과 같다. ① 조용히 홀로 앉아 침묵한다. ② 고개를 약간 숙이고 입을 다물어 부드럽게 호흡한다. ③ 마음으로는 자기 자신을 응시하고 있다고 생각한다. ④ 모든 생각을 머리에서 가슴으로 끌어내린다. ⑤ 천천히, 고르게 숨을 내쉰다. 이때 마음속으로 "주 예수님, 자비를 베푸소서."라고

기도한다. ⑥ 가슴으로 끌어온 모든 생각을 호흡과 함께 내버린다. ⑦ 다시 숨을 깊게 들이마신 다음, 앞의 순서를 반복한다. 예수기도는 조용한 기도 시간에 하는 것이 좋지만, 산책할 때 발걸음에 맞추어 "주님, 감사합니다."라는 말을 반복하며 할 수도 있고, 위급한 상황이든 자투리 시간이든 언제든지 상황에 맞게 깊은 호흡으로, 한 단어로도 기도할 수 있다. 이때 몸과 마음의 긴장이 해소되고 마음이 단순해지는 것을 느낄 수 있을 것이다.

38) 예수기도도 화살기도의 한 유형이라 할 수 있다.

39) 아우구스티노(354~430년) 성인은 가톨릭 주교이자 뛰어난 신학자로 4대 교부 가운데 한 사람이다.

40) 가톨릭교회는 초대 교회 공동체 때부터 성체에 대한 특별한 공경과 경외를 드렸으며, 이에 따라 성체 조배, 성체 현시, 성체 강복, 성체 행렬 등 다양한 성체 경배 예식이 생겨났고 발전했다. 그중에서 성체 현시와 강복은 공동체가 함께 모여 성체 조배를 하고 사제가 성체를 성광에 모시고 분향함으로써 성체에 특별한 찬미와 공경을 드리는 예식이다.

41) 한국가톨릭대사전 편찬위원회 편저, 《가톨릭대사전》 6권, 한국교회사연구소, 2001 참조.

42) "주님의 천사가 마리아께 아뢰니Angelus Domini nuntiavit Mariae."

43) '매괴枚塊'라고도 불리는 묵주는 성모님에게 기도를 드리기 위해 구슬을 열 개씩 구분하여, 보통 다섯 마디로 엮은 염주 형식의 환環을 말한다.

44) 기도 생활의 중심은 하느님에 대한 '신앙'에 있어야지 성모 마리아에 대한 '신심'에 있어서는 안 된다. 신심은 신앙을 풍요롭게 도와

주는 부수적인 것이기 때문이다. 따라서 묵주기도나 '레지오 마리애'와 같은 신심 생활은 하느님에 대한 신앙을 목적으로 해야 올바른 것이다.

45) 성모 마리아에게 드리는 '묵주의 9일 기도'에 대한 신심은 비교적 최근에 일어났다. 1884년, 이탈리아 나폴리에 사는 아그렐리 사령관의 딸 포르투나 13개월이나 아그렐리는 극심한 고통과 경련으로 신음하며 병고에 시달렸으나, 의사들도 손을 댈 수가 없을 정도였다. 고통에 시달리던 이 소녀를 위하여 가족들은 9일간의 묵주기도를 시작했는데, 이후 이 묵주기도로 인해 일어난 기적은 레오 13세 교황에게 큰 감명을 주었다. 교황은 묵주기도를 열심히 바칠 것을 당부했다. 이 기도는 사랑이 가득한 9일 기도가 되어야 하므로, 로사리오의 모후가 우리의 기도를 듣고 계심을 확신하고 꾸준히 계속해야 한다.

46) 한국가톨릭대사전 편찬위원회 편저, 《가톨릭대사전》 8권, 한국교회사연구소, 2001 참조.

47) '소리기도' 혹은 '염경기도念經祈禱'라고도 한다.

48) '마음기도'라고도 한다. 명상冥想과는 차이가 있다. 묵상은 하느님의 현존을 전제로 하지만, 명상은 하느님을 배제한 마음 공부라고 할 수 있다.

49) 하느님의 영역은 인간의 이성이나 언어로 다 묘사할 수도 없고, 다 알 수도 없기에, 침묵은 하느님의 현존을 체험하는 가장 중요한 통로다. 침묵은 존재의 깊은 차원으로 인도해 주는 기도다. 묵상기도의 강조점은 상想, 즉 생각에 있다. 생각의 활동을 극대화하는 방법으로 침묵을 선택하는 것이다.

50) 뉴에이지New Age 운동은 20세기 이후 나타나 새로운 가치를 추구하는 영적인 운동, 사회 활동, 음악 등을 종합해서 부르는 말이다. 유일신 사상을 거부하고 범신론을 주장하며, 개인이나 작은 집단의 영적 각성을 추구하는 경향이 있다.

51) 능동을 '위爲' 혹은 'Doing'의 기도, 수동을 '무위無爲' 혹은 'Being'의 기도라고 할 수 있다. '존재Being는 행위Doing에 앞선다'는 그리스도교의 오랜 명제처럼, 행위는 속일 수 있고 거짓으로 꾸밀 수 있는 가변적인 것이다. 그러나 하느님으로부터 온 '나'라는 존재는 변할 수 없는, 행위 이전의 것이다.

52) 종교 다원주의는 그리스도교를 고유하고 절대적인 종교로 바라보지 않고, 다양한 여러 가지 종교 중에 하나라고 본다. 그리스도교만이 유일하게 구원의 종교가 아니며 다른 종교를 통하여서도 구원을 얻을 수 있다는 것이다.

53) 베네딕도 수도회를 세운 베네딕토(480?~543년) 성인은 '서방 수도생활의 아버지', '유럽의 수호성인' 등으로 불린다.

54) "주님, 그렇습니다. 그러나 강아지들도 주인의 상에서 떨어지는 부스러기는 먹습니다."(마태 15,27)

55) 프란치스코 수도회를 세운 아시시의 프란치스코(1182?~1226년) 성인은 깊은 성덕이 예수 그리스도를 많이 닮아 '제2의 그리스도'로 일컬어지는 수도자다.

56) 예수회를 세운 이냐시오 데 로욜라(1491~1556년) 성인은 은수자이자, 사제이며, 신학자다. 또한 예수회의 창립자이자 초대 총장이기도 하다.

57) 기도에 접근하는 방법에는 긍정적인 방법과 부정적인 방법이 있

다. 먼저, 긍정적인 방법은 단어, 개념, 이미지, 결단 등으로 이루어지는 기도다. 우리는 기도하면서 자신의 잘못을 인정하고, 양심을 성찰하며, 더 선한 행동을 결심하고, 세상에 나아가 기도한 대로 살려고 노력한다. 이렇게 긍정적인 방법은 하느님과 피조물 사이의 유사성을 전제로 한다. 인간관계의 원리와 통찰을 연계하여 기도 관계에 적용하는 것이다. 이 방법을 사용할 때, 하느님이 우리가 보고 아는 모든 것을 능가하신다는 것을 깨닫는다. 이 전통은 이냐시오 데 로욜라 성인과 테야르 드 샤르댕에게서 대표적으로 찾아볼 수 있다. 즉 우리는 피조물을 통하여서 하느님에게 가며, 하느님은 피조물의 세계 안에 현존하신다는 것이다.

다음으로 부정적인 방법은, 단어나 표현을 사용하지 않는 것이다. 우리가 눈으로 태양을 직접 볼 수 없듯, 인간의 말로는 하느님을 묘사할 수 없다고 의식하는 방법이다. 무한한 것에게 복종하는 방법이자, 자신의 중심을 찾기 위해서 그것을 포기하는 방법이다. 이것은 역설적이며, 언어를 절제하는 방법이자, 궁극적으로는 침묵의 방법이다. 그래서 이 방법은 하느님과 인간의 근본적인 차이점을 전제한다. 즉, 인간은 개념, 상징, 이미지의 도움을 받지 않고 무지無知에 의해서 하느님에게 이를 수 있다는 것이다. 어떤 예를 사용해도, 인간의 언어로는 하느님이 어떤 분이신지 제대로 묘사할 수 없고, 지성이나 유한한 기능으로는 하느님을 파악할 수 없기 때문이다. 결국 나는 유한한 존재이며 하느님은 무한하시다는 것, 그리하여 내가 할 수 있는 것은 하느님 안에 쉬고, 나의 모든 생각을 초월하시는 하느님에게 복종하는 것뿐임을 인정한다. 이 전통을 대표하는 인물은 《무지의 구름》(작자 미상,

엄석옥 역, 은성, 2000)의 저자와 십자가의 요한 성인, 예수의 데레사 성녀다. 토마스 머튼 역시 이 전통에 속해 있다.

이 두 전통은 기도에 대해 종합적으로 묘사한다. 긍정의 방법은 기도 생활에 이미지와 생각이 필요하다는 것을 알려 주고, 부정의 방법은 우리가 이미지들을 초월해야 함을 지적해 준다. 이 두 가지 방법 중 자신의 기도 방법을 하나로 결정하려 해서는 안 된다. 이 두 방법은 서로를 필요로 하고 서로에게 의지하기에, 우리에게는 둘 다 필요하다. 렉시오 디비나는 긍정의 방법의 대표적인 것이다. 부정의 방법은 《무지의 구름》과 '향심기도'를 주의 깊게 살펴보면 알 수 있다.

58) 토마스 머튼(1915~1968년)은 기도와 침묵을 강조하는 트라피스트회 소속으로, 《칠층산》으로 유명한 미국의 가톨릭 수도자다.

59) 향심기도의 방법

1. 마음을 고요하게 하면서 모든 잡념을 비워 나간다. 여기서 몸과 마음이 향심되는 것이 중요하므로 고요하게 호흡하면서 머무르는 것이 좋다.

2. 성경에서 얻은 짧은 문장이나 단어 하나를 마음속으로 반복하는 것을 만트라mantra라고 한다. 만트라를 계속하여 어떤 생각이나 분심도 다 흘려보내면서 선택해 둔 단순한 성경 구절이나 단어만을 자연스러운 호흡과 함께 반복한다.

3. 선택한 단어나 문장을 하느님이 나를 위해서 선택하신 것으로 순수하게 받아들인다.

4. 만트라를 반복하는 동안 혹시 마음이 고요해지고 비움에 이르러 위로가 찾아온다면 호흡도 만트라도 모두 중지하고 그분의 현존

안에 머문다.
5. 만일 만트라를 반복하는 동안 아무 일도 일어나지 않는다면, 천천히 만트라를 반복하는 것만으로도 족하다.
6. 약 20분 정도 한 번의 기도를 마무리할 때마다 자신이 호흡하고 있다는 것과 만트라를 의식하면서 일상의 마음 상태로 돌아온다.

60) 만유 재신론萬有在神論은 하느님을 초월적 존재로 보는 동시에 모든 세계와 하느님이 함께 있다는 사상이다. 그리하여 신의 본질도 세계와 함께 형성되어 가는 과정에 있으며, 인간과 신은 같은 운명으로 세계 안에서 함께한다고 주장하는데, 이는 명백히 인간을 신격화하는 어리석음을 범하는 것이다.

61) 예수님은 기도하는 삶을 사셨고, 직접 '주님의 기도'까지 가르쳐 주셨다. 그리고 바리사이와 세리의 비유(루카 18,9-14 참조)를 통하여 바리사이의 위선을 지적하시며 기도하는 내적인 자세도 알려 주셨다. 이렇게 기도의 핵심을 알려 주셨기에, 당시에는 기도가 성장하면서 어떤 단계를 거치는지에 관한 구체적 설명을 할 필요가 없으셨던 것 같다. 성경도 다양한 사람들의 다양한 기도를 알려 주고 있지만, 기도의 단계에 대해서는 구체적으로 말하지 않는다. 그러나 그리스도교가 세계적이고 보편적인 종교로 자리매김을 하고, 많은 이들이 신자가 되고 예수님을 따르기 위해 수도자의 삶을 선택하면서 좀 더 구체적인 설명이 필요한 상황이 되었다. 인간 이성의 영역이 확대되는 가운데 여러 학문이 발전하고 체계화되면서 기도도 어떤 과정을 겪으며 성장하게 되는지에 대한 질문이 자연스레 제기된 것이다.

이에 중세부터 몇몇 성인들이 세상에 답을 내놓았는데, 대표적인 성인이 예수의 데레사 성녀라고 할 수 있다. 성녀가 말하는 기도의 7단계를 《영혼의 성》이란 책을 통하여 알 수 있다. 예수의 데레사 성녀는 우리 내면의 영혼을 마치 금강석이나 맑디맑은 수정으로 이루어진 '궁성'에 비유한다. 그 중심부에 더없이 능하시고, 지혜로우시고, 깨끗하시고, 모든 복이 가득하신 임금님이 머물러 계신다는 것이다. 우리는 기도를 통하여 이 '영혼의 성'에 들어갈 수 있다. 처음 기도의 길에 들어서면 별 어려움 없이 기도할 수 있다. 그러나 곧 숱한 어려움과 역경에 부딪치게 되며, 궁성의 많은 방을 거쳐야 중심부에 이를 수 있음을 자신의 신비적 체험에 따라 설명한다.

성녀는 기도의 내적 체험을 7궁방으로 나눴다. 전반부의 3궁방은 영적 여정의 수덕적(修德的, acquired contemplation) 차원을 말하는 것으로, 1궁방과 2궁방은 정화, 3궁방은 조명의 과정이다. 후반부의 4궁방은 주부적(注賦的, infused contemplation) 관상기도를 통한 일치의 과정이라고 할 수 있다. 다시 말해 예수의 데레사 성녀는 하느님에 대한 사랑의 강도(强度)에 비례하여 기도의 단계를 구분하고, 그리스도적 완덕을 향한 상승의 정도를 표현했다. 그리스도인의 삶의 최종 목표는 최고의 사랑인 '하느님과의 일치'이며, 성녀는 이를 7궁방의 영적 단계로서 상징적 용어인 '영적 결혼'이라고 표현했다.

62) 성경을 체험하며 살아가는 실제적인 방법에 대해 이냐시오 데 로욜라 성인은 우리에게 상상력과 모든 감각을 동원하라고 권고한다. 우리는 성경으로 들어가 예수님의 제자가 되어 바다의 냄새를 맡을 수 있고, 해변가의 찰싹거리는 물소리를 들을 수 있다. 사

람들이 나오면 시각을 동원할 수 있고, 머리 위에 내리쬐는 빛을 느낄 수 있고, 굶주리면 배가 고픈 것을 느낄 수 있다. 공기 중에 있는 소금기를 맛볼 수 있고 예수님의 옷자락을 만질 수도 있다.

63) 당시 팔레스타인 유대인들이 쓰던 아람어로 '아빠abba'라 불렀다.

64) '하느님의 이름을 함부로 부르지 마라'라는 말씀에 충실하기 위해 유대인들은 하느님을 '주님'이라고 불렀다.

65) "그분께서는 악인에게나 선인에게나 당신의 해가 떠오르게 하시고, 의로운 이에게나 불의한 이에게나 비를 내려 주신다."(마태 5,45)

66) "'주님의 기도'의 첫 세 가지 청원은 아버지의 영광이 그 목적이다. 곧 하느님의 이름이 거룩히 빛나시고, 하느님 나라가 오시며, 하느님의 뜻이 이루어지기를 청하는 것이다. 나머지 네 가지 청원은 우리의 소망을 아버지께 말씀드리는 것이다. 이 청원들은 우리의 생명 유지를 위한 양식을 얻고 죄를 치유받기 위한 것이며, 악에 대한 선의 승리를 위한 우리의 싸움과 관계되는 것이다."(《가톨릭 교회 교리서》 2857항)

67) "너희는 먼저 하느님의 나라와 그분의 의로움을 찾아라. 그러면 이 모든 것도 곁들여 받게 될 것이다."(마태 6,33)

68) "이제는 내가 사는 것이 아니라 그리스도께서 내 안에 사시는 것입니다."(갈라 2,20)

69) 테야르 드 샤르댕(1881~1955년)은 지질학자이자, 고생물 학자요, 신학자로, 진화론을 신학에 도입하여 과학과 종교를 조화시킨 예수회 소속 사제다.

70) 카를 라너(1904~1984년)는 '익명의 그리스도인'이라는 용어로 유

명한, 독일의 가톨릭 신학자다.
71) 소개될 기도문은 다음과 같다. 김영봉 저, 《사귐의 기도》, IVP, 2002; 이대근 저, 《당신을 사랑한다 말하지 않게 하소서》, 사람과사람, 1998; 이영호·한상봉 저, 《가족을 위한 축복의 기도》, 바오로딸, 2004; 테야르 드 샤르댕 저, 김진태 역, 《세계 위에서 드리는 미사》, 가톨릭대학교 출판부, 2004; 앤터니 스턴 저, 이해인 역, 《모든 것은 기도에서 시작됩니다》, 황금가지, 1999 등에서 발췌했다. 그리고 "우리 주 그리스도를 통하여 비나이다, 아멘."은 기도를 마칠 때마다 바치는 것이기에 굳이 넣지 않았다.
72) 류해욱 편저, 《당신의 눈길을 가르쳐 주소서》, 성서와함께, 2006.
73) 우치무라 간조(1861~1930년)는 일본의 그리스도교 사상가다.
74) 19세기에 들어서 파피루스에 기록된 많은 그리스도교 문서들이 고고학자들에 의하여 발굴되었다. 대부분 단편적인 글들이지만, 초기 그리스도인들의 기도문도 포함되어 있다. 작성된 정확한 연대를 측정할 수는 없지만 2~4세기에 만들어진 것으로 보인다.
75) 나지안조의 그레고리오(329~389년)성인은 학문과 강론에 탁월한 가톨릭 신학자이자 주교였다.
76) 김남조 저, 《사랑하리 사랑하라》, 랜덤하우스코리아, 2006.
77) 시에나의 가타리나 성녀(1347~1380년)는 도미니코회 소속의 수녀로, 교회의 영적 저술가이자 신비가였다.
78) 관상기도는 성령과 하느님의 은총에 우리를 개방한다는 의미에서 영적인 기도라고 할 수 있다. 그래서 관상기도를 성령기도라 하고, 성령기도를 관상기도라고도 부른다. 성령이 우리가 필요로 하는 모든 영적인 선물을 주시기 때문이다.

79) 그 자체가 죄이면서 동시에 '사람이 자기 자신의 뜻에 따라 지은 모든 죄'의 근원이 되는 일곱 가지 죄. 즉 교오(교만하고 오만하여 남을 업신여김), 간린(하는 짓이 소심하고 인색함), 미색(성욕의 노예가 되어 사물을 올바르게 보지 못함), 분노(분에 겨워 몹시 화를 냄), 탐도(음식이나 재물을 탐하여 지나칠 정도로 먹고 마심), 질투(우월한 사람을 시기함), 나태(게으르고 성실하지 못함) 등이 칠죄종이다. 이것을 사람이 죄를 짓게 하는 원천으로 보며, 죄원罪源이라고도 한다.